JN088818

ネイティブと渡り合う！

ビジネス
Business English
英語

ビジネス英会話パーソナルコーチ
外資系メーカー
外国人社長秘書兼通訳

志村真里亜

ビビらないマインドで
あなたのポテンシャルが
最大化！

鉄板フレーズ

合同フォレスト

はじめに
Let's learn practical English with Maria!

　思い返してみてください。

　初対面の外国人を目の前にしたとき……。

　"Hello, nice to meet you." の後に言葉が続かず、気まずい間を笑顔でごまかしたこと、ありませんか?

　以前会ったことのある外国人に "Nice to meet you." を使えないとなると、"Hello." の後は何を言っていいかわからず、固まってしまった経験、きっとありますよね?

　さらに、会議で頻出する次のようなコメントを英語でパッと言えますか?

　「こんにちは、私は営業部の(名前)です」

　「この案件の進捗(しんちょく)は順調に推移しています」

　「おっしゃる通りです」

　(オンライン会議で)「カメラがオフになっていませんか?」

　「音声が途切れてしまっています」

　「自信がないな」「間違っているかもしれないと思うと、言えない……」

そう感じたら、ぜひ本編を読み進めてください。本書では、実践的で自然なビジネス英会話だけでなく、あなたの同僚が知らない、かつ外国人のビジネスパートナーに「君は仕事ができるな！」と感じさせる「決めフレーズ」も紹介しています。

　日本語だと説得力のある表現やアプローチができるのに、いざ英語になると子どものような表現しか思いつかず、もどかしいと感じた経験のある、あなた。

　本書に登場する決めフレーズをマスターすれば、あなたが本来持つポテンシャルの扉を相手に開いて見せることができます。

　ちなみに冒頭で、「パッと言えますか？」とお聞きした表現の正解は、本編に登場しますので、安心して読み進めてくださいね。

　はじめまして。志村真里亜です。私は東京の外資系メーカーで外国人社長秘書兼通訳として働くかたわら、ビジネス英会話パーソナルコーチとして英語に悩むエグゼクティブクラスのビジネスマン・ビジネスウーマンにマンツーマンレッスンを行っています。

　2022年12月には「命を救うハグ（心をこめたハグを通して、日本・世界中から自殺者を減らす）」をテーマに、世界へ配信されるTEDx Awajiに登壇し、英語でスピーチをしました。

　生い立ちを少しお話しすると、生まれはブラジルのサンパウロです。3歳を過ぎたころに家族で日本へ帰国し、日本で教育

を受けながら育つ幼少期を過ごしました。

　ブラジルはポルトガル語が公用語のため、英語は日本でゼロから学び始め、未知の言語と文化を知ることに夢中でした。大学に進学するころには海外留学をしたくてたまらなかった気持ちを、今でも鮮明に覚えています。

　そして、20歳で念願のカナダ留学を実現します。本当の家族のようなホストファミリーに囲まれ、毎日の食卓の温かい会話の中でグングン伸びる英会話力を何度もイメージトレーニングし、ようやくかなった夢の留学。

　しかし、私を待ち受けていたのは、期待していた環境とは真逆のスタート。悲劇でした。さらに、それまでずっと身近に触れてきたはずの英語が、現地ではまったく通用しなかったのです。

　まず、ホームステイ先で私に割り当てられた部屋は、窓のないベースメント（地下室）でした。北海道と同じ緯度に位置するカナダで、季節は２月。暖房もない、凍えるほど寒い部屋で、

ベッドの上に置かれていたのはペラペラのブランケット1枚。

　日本から持ってきたカイロを全身に貼り、ダウンジャケットを重ね着しても震えは止まりません。ここでの生活に対する不安に押しつぶされ、涙が止まらず眠れない夜を過ごしました。翌朝、目の前にいるホストマザーに勇気を出して、私の口から消えるような声で出た言葉は、"My room ... cold."。

　「追加のブランケットをください」などと、シンプルにお願いすればいいのに！　と思われるかもしれませんが、このようなシーンを英会話レッスンで練習したことがなく、ストレスと悲しみに押しつぶされそうになっていた私には、これが精いっぱいでした。

　単語を並べるしかできない私の訴えに、ホストマザーはあきれた表情でため息をつきながら、"It's not cold at all.（こんなの少しも寒くないわ）"と一蹴。ショックで固まる私。返せた言葉は、"Thank you."だけでした。でもありがたいなんて、これっぽっちも思っていません。頭の中は真っ白で、それ以外の言葉は出てこなかったのです。

　この瞬間からずっと震えて眠れない夜が確定し、心から落胆し、要求を英語で伝えられない自分に対するもどかしさにイライラしました。

　ここまで極端でなくても、英語に自信があると思っていたの

に、いざという場面で何も言えなくなる経験をした方は少なくないと思います。

　日本では中学校、高校、大学を合わせて約10年、英語を勉強します。2020年以降は、小学校でも３年生から外国語の学びが始まりました。

　それでも、いざ「英語でコミュニケーションが取れる」かというと、難しいケースが多いでしょう。「コミュニケーションが取れる」とは、自分の思いを伝えて、相手が言うことを理解し、相づちを打ったりリアクションをしたりする「会話のキャッチボール」ができることです。

　私の英会話レッスンでは、「英語習得に時間と労力をかけたはずなのに、いざ外国人を前にすると口から言葉が出てこない」という悩みを解消しています。本書では、私がレッスンで教えているキーポイントをギュッと凝縮し、読み終わった瞬間から英会話で実践できる、実用的な英語をお伝えします。

◆ ビジネスで役立つ英語を義務教育では教えてくれない

　１年間のカナダ留学を終えて大学を卒業した後は、日本と海外の架け橋になるような仕事がしたいという思いから、日系商社に就職し、貿易業務に携わりました。

　海外のクライアントとのやりとりが増えるにつれ、自身の英

語力不足を感じた６年目に退職を決意し、オーストラリアで２度目の留学を１年間します。トータルすると、この２年間が、私が最も英語を集中して勉強した期間です。

英語を使うビジネスシーンに直面するたびに、義務教育で受けた英語教育は十分でないし、いざというときに口から英語が出てこないのは、アウトプットの練習が圧倒的に足りないからだと痛感します。

インプットした英語をアウトプットという形で口から出すには、記憶→発言の回路を作り、実践を続け、反射レベルで発言につなげるまでのスピードを鍛える必要があります。それを意識した上で過ごした海外留学でした。

極限の状況で "Thank you." しか言えなかった英語力から、世界へ発信されるスピーチイベント TEDx Awaji にネイティブレベルの英語で登壇できるまでになった私が、社会のためにできることとは何か……。

効率の良い英語習得法を、一人でも多くの悩める日本の方々に伝えたい思いで、レッスンを８年間継続しています。私自身が遠回りしたり、つまずいたりしたポイントを、生徒さんには確実にうまく飛び越えてもらいたいのです。

熱い想いはあったものの、レッスン開始当初は英語を人に教

えた経験がなかったため、まずはカリキュラムを学ぶために大手英会話スクールでアルバイトを始めます。

講師になるための講習を３カ月受けた際、現役講師を生徒役に見立ててデモレッスンをする機会がありました。テキストを見ながら授業を進めますが、正直、冒頭から違和感がありました。海外で英語を日常的に使った経験からすると、「このシーンでは、もっと別の表現を耳にしたけど」というものが多いのです。

しかし、そのスクールでは全講師が「同じクオリティーで同じレベルの英語レッスンを提供する」のが基準です。例えば、生徒をほめるときに使う言葉は "Well done!" "Good job!" "Wonderful!" の３つだとテキストには記載されていました。

デモレッスンを開始した私は、反射的に生徒役の講師をほめるときに "Exactly!"（その通り！）"Absolutely!"（正解！）と言ってしまったのです。テキストには載っていない、私が留学中に習得したネイティブスピーカーが常用する単語です。

すると、審査役の講師から怒りのフィードバックを受けました。「ここは志村さんの英語を見せびらかすステージではありません！」

私としては、生徒がネイティブスピーカーの使う表現に触れること、学ぶ機会があることはプラス要素でしかないと思っていましたが、スクールでは厳しくしかられてしまいました。

ショックを受けつつも、私自身、日本の英語教室で習ってい

ない会話表現を留学中に聞くたびに、「なんで日本ではこのような表現を教えないのだろう？　海外へ行って初めて耳にしたときに戸惑うのは生徒なのに」と感じていたことを思い出し、「本当に実践的な英語を教えられないのなら、組織に属さずに１人でやろう」と決意し、英会話コーチとしての活動を開始したのです。

　私たちが常用する日本語が時代によって変化するように、英語も変化します。例えば、昔は「ヤバい」＝「危ない」「状況が良くない」の意味で使われましたが、現在では「面白い」「おいしい」「すごい」などの逆の意味も含むようになっています。

　英語でほめる表現は、"Well done!" "Good job!" "Wonderful!" の３つだけが正しいと教えるメリットはありませんし、現地の人が常用するフレーズを使うことで距離感が確実に縮まることは、今まで５カ国に在住経験のある私が保証します。

　学校では教えてもらえない、実践的かつリアルな英語をお伝えしていきますので、楽しみながら読み進めてくださいね。

◆ 社長秘書が教えるビビらないビジネス英会話

　現在、私は平日の日中は外資系メーカーで外国人社長の秘書兼通訳として働いています。社長以外の社員は私を含めて全員日本人です。

過去には日産自動車でフランス人副社長秘書として働き、外国人エグゼクティブと日本人社員のやりとりを多数目の当たりにした経験から、多くの日本人はビジネスの場で特に、外国人に気後れする傾向が強いと感じます。

　とりわけ、社長・副社長のようなVIPやエグゼクティブ層になると、雲の上の存在である上に「外国人」の属性まで加わって、とても進言できないような存在として緊張感MAX状態になるようです。

　その気持ち、とてもわかります。私もかつてそうでした。ですが、ビジネスのシチュエーションにおいて、外国人の立場になって想像してみましょう。

　会議において日本人がかしこまって何も発言せず、ただ誰かの発言を聞いているだけの状況を見ると、外国人は「会議に参加して何も発言せずに終わるけど、彼らが同席する意義はあるのか？」と考えます。

　そもそも日本と海外では会議の目的が大きく異なり、海外ではディスカッションがあって当たり前の世界です。事前にある程度の根回しをし、役職上位者の発言を黙って聞く場合が多い日本とは違い、職務のレベルに関係なく提案し、異議を唱えます。

　反論がない場合も「自分にはこういう意見があるので、あなたに同意します」という意思表示をし、一つ一つ相手の意図を

確認しながらディスカッションを進め、合意形成をします。

今後、社会のグローバル化はより進み、外国人労働者やエグゼクティブと英語でコミュニケーションを取る機会は確実に増えていくでしょう。

そのために英語の勉強をする人もより増えるはずです。学習意欲と向上心の強いあなたは、勉強をしているのになかなか自信が持てないともどかしく感じているかもしれません。悩んだ末に、文法をゼロから確実にマスターしようとすると、膨大な時間と労力がかかります。

それよりは「わかっているな！」と外国人に評価されるフレーズを効率良く覚え、会話の「ここぞ」というタイミングで適切に繰り出すことで、伝わる・信頼される・説得できるといった成功体験を重ねていくことが上達の近道です。あなたの頭の中には、すでに英会話の基礎知識があり、アウトプットと実践が足りないだけなのです。

黙って会議をやり過ごそうとする人が多い中、あなたが自信を持ってリアクションを取りアウトプットすることで相手の記憶と印象に残り、「発言したこと」と「発言した内容」の2つで評価され、周りと差別化することができます。

その意味で本書は「ここぞというときにうまく決められる鉄板英語フレーズ集」として使っていただけるはずです。

社長秘書を長年経験してきたからこそお伝えできる「エグゼクティブ層を相手にする人が使う英語」「外国人の記憶に残る英語」を、ぜひ学んでください。

　今のあなたはもしかすると、ご自身が学んできた英単語を駆使して、頭の中を高速回転することで何とか会話を切り返している状況かもしれません。あるいは、言いたいことはあってもどう切り出せばいいかわからない、テニスのラリーのようにスピーディーな外国人同士の会話の切れ目を見つけられずに発言できない状況かもしれません。

　そんな一見ハードルが高そうなシチュエーションでも「鉄板フレーズ」が一つでもあれば恐れずに会話に飛び込んでいけますし、それを繰り返すことで成功体験が確実な自信につながり、今まで以上に英会話に対するモチベーションが上がります。

　あなたの持つポテンシャルを、日本だけでなく世界へ発信するためにも、あなたの行く手を阻む扉を一緒に開きましょう！

　現役外国人社長秘書マリアが教える「ビビらない英会話」があなたのビジネスシーンで少しでもお役に立ち、あなたの自信につながれば、これに勝るPleasure（喜び）はありません！

志村真里亜

CONTENTS

ビジネスシーンで"できる"を演出するフレーズ集

Chapter 4 --
オンライン会議を英語でスマートに進行する

来日したエグゼクティブをもてなす英語

- -

コミュニケーションを加速させる
フレーズとハンドサイン

Chapter 1

ビジネスシーンでの会話は
マインドが９割

最初にやるべきは
「英会話に対する心のハードル」を
下げること

　まず、日本人が英語を話すときにどうしても立ちはだかる、「ハードル」について考えましょう。

　学校教育で10年間（もしくはそれ以上）も英語を学んでいるにもかかわらず、いざというタイミングで、日本人が英語を使いこなせない理由はたった一つ──「マインド」によるものです。

　「きれいに発音できないかもしれない」

　「文法が間違っているかもしれない」

　「話しても相手に伝わらないと恥ずかしい」

　「何と返事をしたらいいかわからない」

　など、**何かが心の「ブロック」になっていることが、英語をうまく使えていない原因です。その結果、英語への苦手意識が生まれ、英語を話すことそのものへのハードルがどんどん上がってしまうのです。**

　まずは、そんなハードルを下げるところから始めましょう。このChapter 1 では、あなたの心にある英語へのブロックを、少しずつ、でも着実に取り除いていきます。

Chapter 1
Chapter 2
Chapter 3
Chapter 4
Chapter 5
Chapter 6

英語は発音より「声量」が大事

🔊 1 - 1

　あなたが何か発言したとき、相手に何度も聞き返されると不安になりますよね。「私の英語は伝わらないんだ」と、自信をなくしてしまうかもしれません。

　日本人は英語の発音を気にし過ぎる傾向があります。なかなか相手に伝わらないと、「私の発音がマズいんだ」「勇気を出して話したのに通じなかった」「練習したフレーズなのに、わかってもらえなかった」とへこんでしまいませんか？

　でも、日本人の**英語が外国人に伝わらないのは、発音が悪いからではありません。文法が間違っているからでもありません。**
　特に英会話初心者の英語が相手に伝わらない原因の9割9分は「声量」です。

　私も過去に苦い経験があります。「正しい英語のはず」と思いながら、"I think ..."と意見を言っても、相手は顔をしかめて"Huh?（ハァ？）"と言います。自分の英語はレベルが低過ぎて伝わらないんだと、とても恥ずかしい気持ちになったのを覚え

ています。

　でも、どこを直すべきかとっさにはわからず、だんだんパニックになって同じフレーズをもごもご繰り返すことしかできませんでした。

　すると、相手からはさらなる"Huh? Sorry?（ハァ？　何だって？）"の言葉。私はますます自信を喪失し、「もう聞かなかったことにしてほしい」とどんどん小さな声になってしまいました。

　負のサイクルに陥り、「まだ自分の英語力は話すに値しないレベル。文法や発音の勉強が足りないんだ」と落ち込みました。

　ところが数分後、しかめっ面をした相手が私の顔をのぞき込んで、"I just can't hear you.（君の声量じゃ聞こえないよ）"と言ったのです。勇気を出して、少しボリュームを上げて同じことを言ってみると、"Oh I see, that's true. You have a good point. You just need to speak louder.（なるほど、そうだね。良いポイントだよ。もう少し声量を上げるだけで良いのに）"と言われました。

　「私の英語、合っていたの？」と驚きましたが、それ以降、少し大げさに口を開き、声量を大きくするだけで会話が続くようになったのです。

　せっかくアウトプットできる知識があるのに、声量が足りないだけで伝わらない——。これは初めて英語で会話に飛び込むときの「あるある」事例です。

Chapter 1

Chapter 2

Chapter 3

Chapter 4

Chapter 5

Chapter 6

　そんなもったいないことにならないように、「**英語を話すときは声量UP！**」を必ず意識してください。

　コツは、**単語とフレーズを覚えるときは、目で追って黙読するのではなく、実際に声に出して繰り返し練習する**こと。「自分が話す英語の音」を聞くのです。実際に英語を使う場面に遭遇すると、緊張する気持ちから普段より声量が小さくなりがちです。普段から声量UP！を意識することで、「声が小さいために英語が伝わらない」ケースを予防できます。

　さらに、日本語と英語では、発話で使う筋肉が違います。身体の筋トレと同様に、実際に口を動かして繰り返し練習することで正しいフォームをマスターでき、スムーズに発音できるようになるのです。

「ほめられたら謙遜するのが美徳」は日本人だけ

◀)) 1-2

　外国人とのコミュニケーションにおいて、日本人が陥りがちな「あるある」事例をさらにご紹介します。

ある程度英語が話せて、相手が何を言っているのかを聞き取れる場合でも、相手に誤解を与えるアクションを反射的に取ってしまうことがあります。

　その典型の一つが、「謙遜」という振る舞いです。

　例えば、日本人はほめられたときに「いえいえ、そんなことないですよ」と謙遜する方がほとんどかと思います。ですが、外国人に対しては、この謙遜が逆に印象を下げてしまいかねない、「理解不能な反応」と取られてしまうのです。

　そもそも英語には、「謙遜する」に当たるワードがありません。humble（謙虚な）やmodest（おごらない）といった単語はありますが、日本語的な意味合いの、自らへりくだって相手に敬意を表す英語は、私の知る限り存在しないのです。

　これは文化的な背景が影響しているのでしょう。日本において、相手を直接的にほめる文化があまり根づいていないのとは逆に、海外ではカフェで会った初対面の人にも「あなたのそのジャケット、とてもすてきね！」と声をかけたり、「そのヘアスタイル、すごくクールね！」とほめたりするコミュニケーションが頻繁に見られます。ほめられた側もそれを素直に受け取るので、謙遜という概念が生まれにくいのではないかと思います。

　例えばビジネスの場で、プレゼンテーションをほめられたとき。"Your presentation was amazing!（素晴らしいプレゼンでした！）"と笑顔で感激を伝えてくれる相手に対して、「いえいえい

Chapter 1

Chapter 2

Chapter 3

Chapter 4

Chapter 5

Chapter 6

え」を直訳した**"No, no, no."** と手をぶんぶん振ってしまう返答
は、相手を困惑させてしまいます。

　自分は謙遜しているつもりが、相手には「（私のコメントを）否
定された？」と思われてしまうのです。「せっかくほめたのに
どうして？」「何か気に障る（失礼な）ことでも言った？」と混乱
させてしまいます。

　さらには、そこから続くはずだったコミュニケーションが中
断してしまい、自分も相手も次に何を言えばいいかがわからず、
気まずい空気になってしまう可能性大です。

　素直に相手の称賛や、ポジティブなフィードバックを受け入
れることができたら、「どんな部分を評価してもらえたのか」
を聞く会話に発展したり、「その能力を別の案件で発揮しても
らえない？」など、仕事の幅が広がったりする可能性もあるで
しょう。外国人には理解が難しい謙遜というリアクションに
よって、チャンスを逃してしまうリスクさえあるのです。

　日本人同士であれば謙遜が必要なシーンはあるかと思います
が、**外国人にほめられたら、素直に喜んで受け取るマインドを
持つようにしましょう。**

　先ほどの例のように、初対面の人があなたの髪形や服装、英
語力などをあいさつレベルでほめてくれることがあります。そ
れはお世辞ではなく、純粋に「いいな」と思った感情をストレー
トに言葉で表現しているだけなのです。照れくさい場合はとり

あえず "Thank you!" と笑顔で返すだけでも構いません。もし、ほめられっぱなしが落ち着かなければ、"Yours, too!（あなたこそ！）" を活用して、相手のこともほめましょう！

（相　手）　Nice hairstyle!
　　　　　すてきな髪形だね!

（あなた）　Yours too!
　　　　　あなたこそ!（すてきな髪形ですね）

（相　手）　Your English is great!
　　　　　あなたの英語は素晴らしいね！

（あなた）　Thank you! I'm trying my best!
　　　　　ありがとうございます！　一生懸命頑張っています！

　こうすれば会話が発展しますし、自信のある態度を示すことができます。海外では、**相手の目を真っすぐ見て、自信を持って自分を表現する態度は、とても魅力的な印象を与えます。**謙遜という概念を知っている日本人は、自信満々の傲慢な態度にはならないはずですので、「ほめられた、ありがたいな」と笑顔で受け取ってください。
　どうしても慣れないという方は、まずあなたが相手の良いところを先に探して、ストレートな表現で相手をほめることを習

慣にするといいかもしれません。そうすると、同じようにほめられることも、素直に受け止められるようになるでしょう。

新人研修で習った
コミュニケーションのコツが
正解とは限らない

🔊 1-3

　会社に入社すると、最初に新人研修を受けることが多いですよね。コミュニケーションにおいて、相手と対話をするときには「笑顔」「アイコンタクト」「相づち」の３つが大事だと教わります。

　「笑顔」と「アイコンタクト」は言語に関係なく、外国人と対話するときもとても重要です。ですが「相づち」に関しては、少しだけ注意が必要です。

　日本人同士での会話では、相手の話に相づちを打つのが基本です。30秒に１回ともいわれますし、もっと頻繁にうなずく方もいるでしょう。

　「はい」「ええ」など「あなたの話をちゃんと聞いていますよ」というサインですが、これを英語に置き換えると"**Uh-huh.**"が

一般的で、日常の場面でもビジネスシーンでもよく使います。

　しかし、外国人を相手に、日本語の「うんうんうん」と同じペースで "Uh-huh, uh-huh, uh-huh." と連呼すると、逆に「私の話、ちゃんと聞いてる!?」と相手に思わせてしまうリスクがあります。

　というのも、**英語でのコミュニケーションにおいては、込み入った内容になればなるほど、聞く側の相づちの頻度は減っていく**からです。

　最初は "Uh-huh." と聞いていても、次第に相づちを打つよりも集中して「話を聞くモード」に変わるのです。真剣度がさらに増すと、まばたきの頻度さえ減ります。

　日本人の感覚からすると、互いの目を見つめ合う長いアイコンタクトに慣れていないため、最初はドキドキするかもしれません。ですが、相手の目により力が入っているように感じる場合は、相づちのペースが落ちていたとしても「相手は、ちゃんと話を聞いているサインだ」と捉えればいいのです。

　もちろん、あなたが話を聞く際も相づちは少なめにして、しっかりとアイコンタクトを心がけて目で真剣さを伝えましょう。

　"Uh-huh." の連呼は避けて、"Oh, I see.（へぇ、なるほど）" "Right.（そうですね）" "That's great.（素晴らしいですね）" などのコメントを挟むと、より自然な会話のキャッチボールが続きます。

Chapter 1

Chapter 2

Chapter 3

Chapter 4

Chapter 5

Chapter 6

最後にもう一つ、やってしまいがちな連呼に "**Really?**" があ
ります。日本語では「マジで？」「本当に？」と相づちを打つ
感覚で口にしてしまいがちですが、こればかり繰り返すと、相
手の話を疑っている印象を持たれかねません。「本当の話だっ
てば！」と思われないように、リアクションはいろいろなバリ
エーションを持っておくとよいですね。

わかったフリより
「わからない」と言える
メリットは大きい

🔊 1 - 4

　英語のリスニング力がまだ十分でない場合や、相手のアクセ
ントを聞き取るのが難しい場合、話の総体がつかみにくいこと
があると思います。

　日本人同士だと、いったん相手が話し終わるのを待ってから
質問するのではないでしょうか。でも、外国人に対してそれを
すると危険な事態になる可能性があります。

　というのも、話し始めたら止まらない人も多く、ストップを
かけないあなたに対して「**この人は自分の話を理解してくれて**

いる（英語が理解できている）」と思われて、そのままのナチュラルスピードで話が展開していくからです。

　他にも、笑顔で相手の話を聞く日本人が多いため（とても良いことなのですが！）、「日本人はリスニング力が高い」と思っている人も少なくありません。海外では、話の内容がわからなくなった時点で、あからさまにしかめっ面をする人が多いからです。話を中断させるのは失礼だからと、最後まで聞こうとして "Yes." や "Uh-huh." などの相づちを打っていると、相手は「ちゃんと理解している」と思ってさらに続けます。

　そして、ようやく相手が話し終えた後に、「すみません、よくわからなかったです」と返してしまうと、「え～、早く突っ込んでよ！」と信頼を損ねてしまう可能性が大です。

　例えば、相手が３分間かけて熱弁した内容について、途中から知らない単語や表現が出てきて流れがわからなくなったとします。話し終えた後に「よく理解できなかった」と言うと、具体的に「何が」問題だったのか時間を巻き戻す必要があるでしょう。理解できなかった単語が何か、思い出せないこともあるかもしれません。そうなると、相手は「もう一度同じ話をゼロから言うのか」と感じてしまいます。

　さらには、その場しのぎで "I agree.（賛成です）" と締めてしまうと、「では、あとは君に任せるので、次のアクションはさっき伝えた通りによろしく」と、自分が理解できていないタスク

Chapter 1

Chapter 2

Chapter 3

Chapter 4

Chapter 5

Chapter 6

を与えられてしまう可能性だってあるのです。

こういったことがビジネスの場で発生すると、高確率でトラブルを招きます。合意した内容と違うアクションを取ってしまうことや、意図を理解できていないことで、業務に悪影響が出るばかりか、信頼を失いかねません。

内容が理解できなかった場合は、勇気を出してその場でストップをかけるように心がけてください。むしろわからないのにわかったフリをして笑顔で聞いているほうが、結果的に心象は悪くなります。

勇気を持って、"Sorry, I didn't get your point. Would you explain it again?（すみませんが、要点が理解できませんでした。もう一度説明してもらえませんか？）""What do you mean by ...?（……とはどういう意味ですか？）"などの質問を投げてください。これらは、ネイティブスピーカー同士でも飛び交う表現です。**会話の流れを中断するのは申し訳ないというマインドは捨てましょう！**

複数の人が参加する会議であなたが上役の立場だと、周囲の期待がある手前、質問を切り出しにくいかもしれません。ちょっとしたプライドが働いて「わからない」が言えないケースです。

日本人同士であれば、フォローアップとして実施する1対1の会議で「すみません、実はさっきはよくわからなくて……」

と質問すれば、相手も「言い出せなかったんだな」と察してもらえますが、海外の人にはそういった心情を理解してもらいにくいですし、追って会議が設定できない場合は致命的です。「理解しようと努力しなかった」と評価されてしまうリスクがあるのです。

　ぜひ覚えておいていただきたいのは、**あなたが聞き取れない英語は「他の人も聞き取れていない確率が高い」**ということです。

　周囲の人が言い出せない状況で、あなたが勇気を持って「わからない」と言えれば、全体を助けることになりますし、あなた自身や、さらに周りの成長を促すことにつながります。

　グローバルビジネスの場において「わからない」と言うことは、メリットがあるのです。**理解できなかったと質問をする＝「きちんと理解したい」という意志が相手に伝わり、対話にエンゲージしていることも態度で伝わります。**質問という発言をすることで、相手の印象に残るメリットもあります。

　多様な意見や質問が飛び交う会議では、管理職であろうと一般職であろうと、役職は関係ありません。特に英語のコミュニケーションは、プライドを捨てて正直な対話のキャッチボールを心がけましょう。

Chapter 1

Chapter 2

Chapter 3

Chapter 4

Chapter 5

Chapter 6

「話すは一時の恥、話さぬは一生の恥」と考える

　私たち日本人の母語は、日本語です。英語は第二の言語に当たりますよね。「第二言語としての英語」をESL（English as a Second Language）といいます。

　英語に関して、特に日本人に見られる特徴があります。それは、「つたない英語で話すことへの強い抵抗感」です。

　私は日本の英語教育においても、英語への抵抗感を一刻も早く改善すべきだと思っています。

　先生が「答えがわかる人？」と聞いて手を挙げるのは、完璧にわかっている人か自分の回答に自信がある人。正解すれば「はい、正解！」と評価され、間違っていたら訂正されます。つまり、「正解しないと恥をかく」という思考回路が潜在意識に埋め込まれてしまっていて、失敗することや完璧でない英語を話すことへの抵抗感が醸成されているのです。実際、私が英会話コーチとして教えるレッスンでも感じます。

　気持ちはわかります。私自身も20歳で初めて留学したとき、語学学校のクラスメートに「マリアは年上なのにこんな英語

も話せないのかと思われたらどうしよう」と、葛藤することがあったからです。

ビジネスパーソンに置き換えれば「10年も勉強してこんな英語も話せないの？」「こんなレベルの英語で、プロジェクトに関わっているの？」という声が聞こえるようなもの。それが怖くて、発言を控えている人もいるかもしれません。

ですが、そこは勇気を持って、恥とプライドを捨ててください！

日本には「聞くは一時の恥、聞かぬは一生の恥」という慣用句がありますが、英会話では「話すは一時の恥、話さぬは一生の恥」です。

まずは「間違えること」への抵抗を捨てましょう。外国人のすべてがハリウッド映画のようなきれいな英語を話すわけではありません。

日本人でも敬語や謙譲語を正確に使いこなせていない人がいるように、英語のネイティブスピーカーでも間違った文法で話している場面を目にすることが多々あります。日本人が日本語をかむことがあるように、彼らも英語をかみます。どこの国で育ったかによって、発音のアクセントもまちまちです。

発音に関して、「ネイティブスピーカーのように流ちょうで、完璧でないと」と思い込みがちですが、私からすると日本語のアクセントが残った英語は「いい味」を出しています。そして、

アクセントがあっても伝わります。

　お国なまりは、ある種のアイデンティティーの表れですし、日本人なのだから日本語なまりの英語で構わないと私は思います。

　むしろ、発音を気にして話さないと英語は一生伸びませんし、完璧さを求めるのは、それこそ０歳からの英語人生を歩み直すようなものです。「英会話をマスターするために必要な時間」としてよく言われる1000時間は、最低でも必要です。1000時間は、１日３時間の勉強を１年間毎日続けた時間に匹敵しますが、その上に「完璧な発音をマスター」という目標を加えると、1000時間どころではまったく足りません。大人になってからその時間を確保するのは、至難の業ではないでしょうか。

　何より、発音や文法を完璧にしなくてもコミュニケーションは取れます。

　小説を書くのであればまだしも、目的は日常生活やビジネスで英語を使ったやりとりですから、必ずしも完璧である必要はないのです。

　それよりも、思いを伝えたいという意志をアイコンタクトやボディーランゲージを通して表現すること、場面に適した実践的なフレーズを覚えること、失敗を恐れず繰り返し積極的に伝えようとすることが、語学力向上につながる最速の方法です。日本人がカタコトの日本語で話す海外の人を見て「頑張ってい

Chapter 1
Chapter 2
Chapter 3
Chapter 4
Chapter 5
Chapter 6

るな」と思うように、彼らもカタコトの英語で話す日本人を温かく迎えてくれます。

どんな英語に対しても
言い返す度胸を身に付けよう

　みなさんに勇気を持って一歩を踏み出してもらうために、もう一つ私の体験をシェアします。

　今から７年ほど前に、仲良くなったドイツ人の友人がきっかけで、私はドイツへの移住を決意しました。フランクフルトから東へ約100kmの距離にあるヴュルツブルクという、バイエルン州で４番目に大きい都市です。

　ゼロからドイツ語の勉強を始めた数週間後、一緒に住んでいた友人と仲たがいをし、私は帰国するかどうかを迫られました。

　人間関係がうまくいかなかっただけでドイツを去るのは悔しい。ここに来た爪痕を残したかった私は、仕事を探して１人で生活していこうと考えました。

　ただ、人口13万人ほどの小都市（日本だと千葉県木更津市ほど）

Chapter 1

Chapter 2

Chapter 3

Chapter 4

Chapter 5

Chapter 6

では、ネイティブレベルのドイツ語を話せないと仕事は見つかりません。

そんな中、唯一得たのがコールセンターの仕事でした。医療機器をリースする事業で世界中にユーザーがいたため、時差と多言語をカバーするスタッフが24時間稼働していたのです。私は英語と日本語で対応ができるスタッフとして採用されました。

そのコールセンターでは、業務の大半がクレーム対応です。ユーザーは基本的に怒っているところからスタートします。

世界中から電話がかかってくるため、日本はもちろん、アメリカ、ヨーロッパ、アフリカからもクレームの電話が続きます。中には一言目からswear word（FやBで始まる汚い言葉）を口にして、怒りの感情を爆発させるユーザーもいました。

日本のコールセンターであれば、まずはお客さまであるユーザーに対して「申し訳ありません、ご迷惑をおかけしています」と平謝りし、相手の怒りを鎮めるためにお詫びの言葉を何度も繰り返しながら、最後まで話を聞くのが定石です。

ですが海外では、状況を理解する前に謝罪をすることはありません。訴訟に発展した場合、不利になります。自発的に「こちらの責任です」と言わないのが会社の方針でした。

sorryの言葉を多用しただけで訴訟に発展するわけではありませんが、一般的には注意が必要です。なぜなら、sorryには謝罪の意味があり、特定の状況や出来事に対する責任を認める可

能性を持つからです。裁判では、そのような謝罪が事実関係を認めることと解釈され、訴える理由の一つとして使用されることがあります。

電話をかけてくるユーザーはとにかくイライラしています。私は外国語でけんかをした経験も罵倒されたこともなかったため、どうリアクションをすればいいかわかりませんでした。毎日悔しく、やるせない気持ちで目に涙をためて帰路につく日々が続きました。

ところがある日、私は気付いたのです。

こちらが平身低頭で話を聞いていても、むしろ火に油を注ぐだけ。相手がどなり散らしてくるプレッシャーの中でも、いかにロジカルかつ自信を持った姿勢で、短い時間で解決するかがカギである、と。

萎縮せず、動じないマインドで解決方法を提案するようにすると、機械の故障がボタンの長押しで解決するものであるなど、深刻なケースは少ないことがわかってきました。

相手の怒りが沸点に達しているとき、こちらがオドオドしたり、プレッシャーに負けて声が小さくなったりすると、余計に気持ちを逆なですることにつながりかねません。**自分が持っている情報と英語のボキャブラリーで、堂々と自信を持って接することで、理不尽にどなり続けるユーザーは格段に減りました。**

この経験を通して、私は度胸が身に付き、誰にも物おじせず

Chapter 1

Chapter 2

Chapter 3

Chapter 4

Chapter 5

Chapter 6

英語で対応できるようになりました。現在の仕事は、外資系企業社長秘書兼通訳で海外のCEOや役員とやりとりする機会が頻繁にあります。緊張するシチュエーションでも落ち着いて対応できるのは、このときの気付きのおかげです。

多少、根性論的かもしれませんが、**英語を話すときに何より大切なのは、発音でも文法でもなく「度胸」です**。

罵倒してくる相手に、頭の中で完璧な文章を組み立て、ネイティブレベルの発音で対応できる能力があったとしても、声に出さなければ何にもなりません。

もちろん度胸の後押しのためには、ある程度の英語力が必要です。そんな英語力を確実に備えて臨むために、あなたが学んできたこと、本書で学んだことを実践する度胸を一緒に身に付けていきましょう。

外国人になったつもりで
所作を心がけよう

これまで、声量や相づち、度胸など、海外の方と英語で渡り

合うために必要なマインドセットをお伝えしました。最後は、所作について考えましょう。

英語の勉強は大事ですが、円滑なコミュニケーションには、言葉だけでなく所作も意識する必要があります。

日本のビジネス現場でよく行われる所作に、お辞儀や名刺交換がありますが、海外ではあまり行われません。お辞儀はそもそも日本特有ですし、名刺も交換はするものの、名前を覚えたらすぐにポケットに入れてしまいます。

意識すべきは、次の4つです。

・**握手**
・**ハグ**
・**ハイファイブ（ハイタッチ）**
・**アイコンタクト**

ハグやハイファイブは地域により差があるので、本書では握手に重点を置いてお伝えします。アイコンタクトは45ページをご覧ください。

日本人にとって、あいさつの場面で握手をすることはあまりないかもしれません。一方、外国人はよく握手をします。初対面で、別れ際のあいさつで、基本的なコミュニケーションとして自然に手を差し出します。私が海外のビジネスパーソンによ

Chapter 1

Chapter 2

Chapter 3

Chapter 4

Chapter 5

Chapter 6

く言われるのが「日本人は握手を求めない」「握手が弱々しい」ことです。

外国人は握手をするときにギュッと力を込めます。それこそ手が痛くなるくらいで、力の込め具合と自信が比例する関係にあるともいわれています。

一方で日本人は握手をそもそもしないか、したとしても軽く手を触れるくらいで済ませることが多いです。女性であれば指先を軽く触れるくらいだったりします。

日本では控えめで上品な印象を与えるかもしれませんが、海外の方にはどちらも奇妙に映ってしまいます。

ですから、ビジネスでもプライベートでも、海外の方とあいさつするときはしっかりと力を込めて、「これからよろしくお願いします」という思いと自信を持ち、背筋を伸ばして握手をするようにしましょう。

他にも、日本人が戸惑ってしまうあいさつに、ハグやハイファイブがあります。

ハグはどちらかというとラテンやヨーロッパの国々で一般的です。プロジェクト達成の打ち上げの場や、別れのあいさつをするときなど、喜びを分かち合うためによく行われますので、握手と同様、こちらもしっかり力を込めて行ってください。

お辞儀文化の日本において、体を密着させるハグへのハードルは高いかもしれませんが、相手が腕を広げたら、あなたも思

い切り腕を広げて、受け止めてください。どんな会話をするよりも、一瞬で信頼が築け、距離が縮まります。

　ハイファイブも一般的です。意見が合ったときや活気づけたいときなどにてのひらを高く掲げて、互いに打ち合います。とっさの動作にフリーズしてしまうかもしれませんが、相手がこちらに向けて手を大きく広げたら合図です。勢いよく笑顔でタッチを返してあげてください。

　そっとてのひらを合わせる必要はありません。握手もハグもハイファイブも、一瞬で構いませんので、外国人になったつもりで大胆に行いましょう。

　このような話をすると、「なぜ日本人の私たちが、外国人の習慣に合わせないといけないの？　合わせるのは、外国人のほうでは？」という声をいただくことがあります。

　私がお伝えしたいのは、日本人の所作を捨てて外国人に合わせましょうということではなく、外国人との初対面において、あなたの第一印象を最高にするための一つの要素として意識しておくとよいということです。握手の印象が微妙だったからといって、その後の関係性に影響が出てしまうなんてもったいないですよね。

Chapter 1
Chapter 2
Chapter 3
Chapter 4
Chapter 5
Chapter 6

Tea Break

アイコンタクトは
信頼の証

　アイコンタクトは、外国人との信頼関係を構築するときに最も重要なものの一つです。

　英会話コーチとしてレッスンをする中で、生徒さんは「英語をしっかり学ぼう！」と気合いを入れてくれますが、日本語で話をしているときでも目線が合わなかったり、目を見て話をしてもらえなかったりすることがよくあります。

　文化的な理由かもしれませんし、男性であれば女性の私と見つめ合うのは少し照れくさいのかもしれません。

　ですが、外国人が相手の場合は、アイコンタクトが信頼を築く一大要素になりますので、注意が必要です。アイコンタクトがないと、「こちらに興味がない、話に興味がない」と思われて、せっかく始まったコミュニケーションが盛り上がりません。これでは、どれだけ英語を勉強したとしても、意味がなくなってしまいます。

　外国人は、真剣に聞けば聞くほど、話にのめり込めばのめり込むほど、相づちの頻度が少なくなり、より目に力が入る傾向があります。

仮に英語力がまだまだでも「アイコンタクトだけ」はしっかりするべきだと私は考えます。

　相手は、あなたにとって英語が第二言語だとわかっています。たどたどしくても、目線を合わせて会話をし、わからないことは「わからない」と言えばいいのです。

　アイコンタクトができているだけで、コミュニケーションを取ろうとしている意志は伝わります。長時間目線をじっと合わせることは、照れくさいかもしれません。でも、すぐに慣れます！　スムーズな会話のためには、まず自身の能動的な意志を伝える所作が大切です。

相手の印象に残る
自己紹介を作ろう

自己紹介の準備が大切な２つの理由

🔊 2 - 1

　初めて会った外国人に、自身を印象付けるための自己紹介を
したいですよね。本章では、そのままコピーして使える自己紹
介のテンプレートをご用意しました。ぜひ参考にして「オリジ
ナリティーのある自己紹介の台本」を作ってください。

　ところで、なぜ自己紹介を準備することは重要なのでしょう
か？　理由は２つあります。

　１つ目は、準備があれば初めて会った相手に自分の**summary**
（概要、まとめ）を端的に伝えることができるからです。

　「エレベーターピッチ」というシリコンバレー発祥のプレゼ
ン手法があります。エレベーターに乗ってから降りるまでの
15〜30秒程度の短い時間で自分自身について、また自社のビ
ジネスなどを同乗者にアピールします。

　短い時間ですから、端的にメッセージを伝えなければいけま
せん。どれだけ印象を残せるかで、その後の相手との関係性が
決まるのです。

　例えば、アメリカから本社のCEOが来日したとき。10人いる

Chapter 1

Chapter 2

Chapter 3

Chapter 4

Chapter 5

Chapter 6

社員の中で、どのように周りと差別化し、相手の記憶に残す自己紹介をできるかが、その後の展開のカギとなるでしょう。

　２つ目は、どんな状況でも初対面では必ず自己紹介をするからです。準備したものが無駄になることはありません。

　自分が何者か相手に伝わっていない、もしくは相手のことがわかっていない状況では、コミュニケーションを発展させることはできません。

　ここで紹介するフレーズを組み合わせて、自分をアピールする自己紹介を台本にしましょう。

あなた　　**Pleasure to meet you, I'm Maria.**

　　　　　初めまして、マリアです。

相　手　　**Hi, Maria.**

　　　　　こんにちは、マリア。

※ **Pleasure to meet you.** については、56ページもご覧ください。

　せりふのように覚えて何度も発話し、筋肉にも記憶させることで、予期せぬタイミングや急に自己紹介をふられたときに、自信を持ってよどむことなく、口にすることができます。場数が増えれば増えるほど上達しますし、ただでさえ緊張する初対面の外国人との会話でも落ち着いてこなせます。自己紹介は自

動運転レベルで対応し、脳のリソースはそれ以外の展開に割けるよう、エネルギーを温存しておきましょう。

　繰り返し練習することで発音も自然になり、「自己紹介のつかみはバッチリ！」と思えるレベルまで英語力をアップさせることができます。

　絶対的な自信のある会話領域を一つでも確保するために、自己紹介から始めましょう。

名前だけでなく「呼び方」も伝えよう

◀) 2-2

　自己紹介の台本を考えるときに、英語だからといって特別な内容を入れる必要はありません。

　初めての相手との会話は、こんな感じではないでしょうか。

　こんにちは、初めまして。○○部の○○と申します。お会いできるのを楽しみにしていました。おうわさはかねがね聞いています。

　　○○がお好きだとか？　実は私もなんです。共通点がたくさんありますね。どうぞ、これからよろしくお願いします。

　合間に相手からの返答も挟むので、このかたまりで30秒から60秒くらいでしょう。仕事以外の内容にも触れることで、相手と打ち解けるきっかけができます。

　自己紹介は、名前からですね。学校の教科書では "Hello, my name is ..." と習いました。もちろん間違いではありませんが、ネイティブスピーカーはこう言わない方が実は多いです。日本人同士でも、「初めまして。私の名前は、○○です」とは言いませんよね？
　自然な言い回しは、よりシンプル。"I'm（名前）." で始めます。「呼び方」も追加すると、さらに相手の記憶に残りますよ。
　このような感じです。

Hello, I'm Akihiko. Please call me Aki.
こんにちは、アキヒコです。アキと呼んでください。

　外国人にとって発音しづらくなじみのない名前もあるので、ニックネームを添えるとベターです。よほど相手が日本好きで

Chapter 1
Chapter 2
Chapter 3
Chapter 4
Chapter 5
Chapter 6

ない限り、名前を一発で覚えてもらえることはまれです。ニックネームを伝えて、覚えやすくするための工夫をしましょう。

　特に日本特有の名前（アキヒコ、リュウタロウ、ノリコ、チヒロなど）は、ニックネームや呼び方をアレンジするのがいいと思います。ちなみに、私のように外国人になじみのある名前でも "Please call me Maria." と伝えるようにしています。その理由は、どんな名前でも一度では聞き逃してしまう可能性があることと、名字で呼ぶべきか名前で呼ぶべきか迷わせないためです。

　アジア系の人がよく利用するイングリッシュネーム（英語圏で生活をする際に使用する仮の名前）については、プライベートであればもちろんOKですが、ビジネスでは避けるほうがいいかもしれません。中国や台湾、韓国では当たり前のように使われていますが、日本ではあまり浸透していないためです。

　もしもあなたが「ジャック」や「キャサリン」と覚えられたとしても、社内で正式に登録し、周知していない限り、同僚は戸惑うはずです。

　また後日、メールで連絡を取るケースを想定してみてください。相手に伝えたイングリッシュネームが会社のアドレス帳に登録されていなければ検索に引っかからず、日常業務のやりとりに支障が出る可能性も生じます。

Chapter 1

Chapter 2

Chapter 3

Chapter 4

Chapter 5

Chapter 6

部署名を簡潔かつスマートに 言えますか？

◀)) 2 - 3

　名前と呼び方の後は、部署名です。特に複数の部署からメンバーが集まる場では、部署名を伝えるのがいいでしょう。ただし、誰かが代表して部や課を紹介する場合、続けて自己紹介する人は省略してOKです。

　テキストや参考書などに、部署名を伝える例として "I'm in charge of ..." とありますが、ネイティブスピーカーはもっとシンプルな表現を使います。よく聞くのは、"I'm from ..."。from の一語だけ足せばいいのです。

　後に続くのは、担当業務や部署名。営業であれば sales、財務関係であれば finance、サプライチェーンはそのまま supply chain です。

　ちなみに、よりスマートに名前と部署名を伝えるのであれば、"I'm Akihiko. I'm from sales ..." と I'm を連発せず、次のようにしてください。

Hello, I'm Akihiko from sales. Please call me Aki.

こんにちは、営業のアキヒコです。アキと呼んでください。

▶ 所属部署名の英語表記

- 営業、販売 ➡ sales
- マーケティング ➡ marketing
- 技術 ➡ technical
- 研究開発 ➡ R&D（research and development）
- 企画 ➡ planning
- 広報 ➡ PR（public relations）
- 購買 ➡ purchasing
- 生産 ➡ production
- 管理 ➡ management
- 人事 ➡ HR（human resources）
- 総務 ➡ general affairs
- 財務 ➡ finance
- 経理 ➡ accounting

　秘書やアシスタントは部門名ではないため、次のように表現が変わります。

Hello, I'm Maria, the assistant to the president.

こんにちは、私は社長秘書のマリアです。

Hello, I'm Mikiko, the assistant from finance. Please call me Miki.

こんにちは、私はファイナンス部アシスタントのミキコです。
ミキと呼んでください。

初対面の定番！
「お会いできるのを楽しみにしていました」は
"I was looking forward to seeing you."

🔊 2-4

　名前と呼び方、担当部署名を伝えると、5〜6秒くらいでしょう。初対面のシーンでこれらを伝えた後、何を話していいかわからず互いに気まずい笑顔で沈黙をごまかすような場面は、日本人同士でもあると思います。

　そんなときに必ず、どんな相手にも使える最強フレーズがあります。

I was looking forward to seeing you.

お会いできるのを楽しみにしていました。

I was looking forward to having you here.

こちらにお迎えできるのを楽しみにしていました。

　"**be looking forward to ...**"には、「〜を楽しみにしている」という意味があります。相手に会えることを心待ちにしていた気持ちを伝えるために、ぜひ使ってください。

　最後の"**seeing you**""**having you here**"は、ほぼ同じ意味合いです。

　相手に会えてうれしい気持ちを伝えるフレーズは、必ず覚えておくことをおすすめします。

　ちなみに、学校教育では初対面のあいさつを"**Nice to meet you.**（はじめまして）"と教えます。おそらく10人いたら9人は、この表現を使うでしょう。ただ、周りのメンバーが全員同じフレーズを口にすると、あなたは「大勢の中の1人」になり、相手の記憶に残りません。

　ここで向上心の高いあなたにお伝えしたいのは、"**Nice to meet you.**"の代わりに"**Pleasure to meet you.**（お会いできて光栄です）"を使うことです。

niceをpleasure（喜び）に変えるだけ！　簡単ですよね。VIP
やエグゼクティブを迎える際は、ぜひ一段レベルアップしたフ
レーズ "Pleasure to meet you." を使ってくださいね。

相手を迎える喜びを表現するフレーズ

I was looking forward to seeing you.
お会いできるのを楽しみにしていました。

I was looking forward to having you here.
こちらにお迎えできるのを楽しみにしていました。

Pleasure to meet you.
お会いできて光栄です。

Pleasure to have you here.
お迎えできて光栄です。

Chapter 1
Chapter 2
Chapter 3
Chapter 4
Chapter 5
Chapter 6

「おうわさはかねがね聞いています」 と加えよう！
"I've heard a lot about you!"

2-5

会話を発展させる時間があるときに使えるフレーズです。

I've heard a lot about you!
おうわさはかねがね聞いています！

すでに口にした「お会いできるのを楽しみにしていました」 が、お世辞ではなく本当の気持ちであることを伝えるのに有効 です。そして、このフレーズの返しは、8割がた定番表現です。

あなた I've heard a lot about you!
おうわさはかねがね聞いています！

相 手 I hope you've heard good things!
良いうわさだといいけど！

このフレーズを使うには、事前準備が必要です。「おうわさ はかねがね……」と言うからには、相手の情報を下調べするこ

Chapter 1

Chapter 2

Chapter 3

Chapter 4

Chapter 5

Chapter 6

とが大事だからです。

相手の反応 "I hope you've heard good things!（良いうわさだといいけど！）" に対して、ただ "Sure!（もちろん！）" と答えて終わると、相手は「本当に知っているのかな？」と、適当にお世辞を言われた気分になる可能性があります。

相手に興味を持ち、ビジネスパーソンとして情報収集もしておきましょう。その後のコミュニケーションがより円滑に進むことは、間違いありません。

"I hope you've heard good things!" に返す表現には、"Absolutely!（もちろん！）" もあります。その後、調べておいた内容を続けましょう。

以下は、情報収集から会話を広げるきっかけになるフレーズです。参考にしてください。

"I hope you've heard good things!"に続ける、会話を広げるフレーズ

My team is impressed with your project management skills.
私のチームは、あなたのプロジェクトマネジメントスキルをさすがだと感じています。

My colleagues told me you are always very supportive.
私の同僚たちが、あなたはいつも応援してくれる、と話していました。

I'd love to learn your communication skills.
ぜひあなたのコミュニケーションスキルを学びたいです。

仕事以外の情報を伝えるのもいいですね。話が盛り上がり、打ち解けるきっかけになるでしょう。

I heard that this is your third visit to Japan. Anything you want to try this time?
来日は3度目ですよね。今回、何かしてみたいことはありますか？

I heard that you are a big fan of baseball. Which team do you support?
野球が大好きだそうですね。どのチームを応援しているのですか？

I heard that your son / daughter got married. Congratulations!
息子さん／娘さんがご結婚されたとうかがいました。おめでとうございます！

最近では、LinkedInというSNSで、学歴、経歴、興味のある分野、近況などをオープンにする方が増えています。名前で検索してみてください。

Chapter 1

Chapter 2

Chapter 3

Chapter 4

Chapter 5

Chapter 6

　来日する方がプロフィールを公開している場合、情報を見ることができます（ただし、情報を非公開に設定していると、LinkedIn上でつながらない限り内容は閲覧できません）。

　直近のイベントやビジネストピック、お祝いごとなど、相手の近況を知るには、とても便利です。

　どんな小さな情報でも、会う前にあなたが少しでも相手を知ろうと努めたことが相手に伝わると、印象は格段に上がります。

　おもてなしの一つと考えて、ぜひ実践してください。

さらに時間があれば、趣味の話で共通点を見つける！

◀)) 2-6

　この時点で、自己紹介としては15秒くらいになっていると思います。もし時間に余裕があれば、趣味の話をしてみましょう。相手にあなたのことをより知ってもらうきっかけになり、印象付けられます。

　相手との共通点を探す目的で、自分が何に興味があるかを伝えるのは悪いことではありません。むしろ、コミュニケーショ

ンを取ろうとしている気持ちが伝わります。

　ちなみにネイティブスピーカーは、学校の教科書で見かける
"My hobby is ..." ではなく、次のような表現をよく使います。

I enjoy ...

I like to ...

... is one of my interests.

　趣味を伝えるときは、「私の趣味は〜」を直訳するのではなく、
「私が興味を持っているのは〜」「私が今はまっているのは〜」
のニュアンスで考えてみてください。

趣味やはまっているものを伝えるフレーズ

I'm into cooking.

私は料理にはまっています。

I'm passionate about playing golf.

私はゴルフに情熱を持っています。

I enjoy dancing. / I like to dance.

私はダンスが好きです。

Working out is one of my interests.

筋トレは、私が興味を持っていることの一つです。

"I'm interested in ..." もOKです。学校で習ったフレーズなので、より身近だと思います。

趣味の話は、相手がこちらに興味を持っているときや、仕事でないタイミング（歓迎会への移動や休憩時間など）に、雑談としてすることが多いです。

やはり趣味の話は、共通項を探す際に取り上げやすく、頻出テーマです。相手が「フリータイムには何をしているの？」と聞いてきたときの返答パターンをいくつかマスターしておきましょう。

相手　**What do you do in your free time?**
フリータイムには何をしていますか？

What do you do on your days off / weekends?
休日／週末は何をしていますか？

あなた　**I play golf.**
ゴルフをしています。

I watch Netflix.
ネットフリックスを見ます。

こんな表現もいいでしょう。

あなた **I'm passionate about playing golf.**
ゴルフにはまっています。

I've been passionate about playing golf since last year.
去年からゴルフにはまっています。

相手が同じ趣味を持っていた場合、「締めのフレーズ」を加えてさらに親近感を上げましょう！

あなた **We have a lot in common.**
共通点がたくさんありますね。

commonは「一般の」「ありふれた」に加えて「共通の」という意味もあります。

「類似性の法則」といって、私たちは自分と共通点がある人に対して、親近感を抱く心理があるようです。海外でいろいろな

Chapter 1

Chapter 2

Chapter 3

Chapter 4

Chapter 5

Chapter 6

国の人が入り混じる中、日本人を見つけるとまったく知らない人でもつい話しかけたくなりませんか？　趣味が同じだとわかると親しくなりやすいのも、その一例でしょう。

　さて、ここまで会話を展開させられたらこっちのものです！

　たった30秒という短い時間で、これまで紹介したポイントを盛り込むことができたら、最高の自己紹介です。エレベーターピッチでも活用できます。

　本章の最後に、記入用の自己紹介テンプレートがありますので、ぜひ自分だけのオリジナル自己紹介台本を作ってください。

共通の思い・同意を示すフレーズのバリエーションを増やそう

🔊 2-7

　共通の事柄が見つかったときに使えるフレーズは、"**We have a lot in common.**"でしたね。学校で習ったシンプルな同意を示す表現に、"**Me too.**"がありますが、ここでは「私も同感です」を伝えるネイティブ定番のフレーズをマスターしましょう。

使用頻度の高い表現の幅を広げることで、確実に英語力アップにつながります。

Me too.

I agree.

Likewise.

I feel the same.

Same here.

I'm with you.

例えば、"I had an amazing time with you!（あなたとすてきな時間を過ごすことができました！）"と言われたとき、いつもなら"Me too!"と答えるところを"Likewise!"に変えてみましょう。

次に、「あなたもね」を意味する"You too."についても、バリエーションを増やしましょう。

"Take care.（お気をつけて）""Have a good weekend!（良い週末を！）""Enjoy your holiday!（楽しい休日を！）""Merry Christmas!（メリークリスマス！）""Happy new year!（明けましておめでとう！）"に対しては、すべて"You too!"で返せますが、ほかにはこんな表現もあります。

「あなたもね」を意味する表現

You too.

Same to you.

Likewise.

You as well.

Back at you.

すべてあなたがすでに知っている単語を組み合わせた、シンプルなフレーズです。

「英語脳」と「英語筋肉」を鍛えるトレーニングとして、いろいろなバリエーションを使って、表現を自分のものにしてください。

"Me too."と"You too."のバリエーション拡大

相 手 I play golf every other week.
私は隔週でゴルフをします。

あなた Same here.
私も同じです。

相 手 We should explore new marketing strategies.
新たなマーケティング戦略を考えるべきです。

あなた I'm with you.
私も同感です。

相手　Take care!
お気をつけて！

あなた　Thank you, same to you!
ありがとう、あなたもね！

相手　Merry Christmas!
メリークリスマス！

あなた　Thank you, you as well!
ありがとう、あなたもね！

相手　Happy new year!
明けましておめでとう！

あなた　Thank you, likewise!
ありがとう、あなたもね！

これで準備万端！
オリジナル自己紹介

🔊 2-8

あなた　Hello, pleasure to meet you.
こんにちは、お会いできてうれしいです。

I'm（名前）from（部署名）. Please call me（呼び方）.
○○部の○○です。○○と呼んでください。

I was looking forward to seeing you.
お目にかかるのを楽しみにしていました。

I've heard a lot about you!
おうわさはかねがねうかがっています！

相　手　I hope they're good ones!
良いうわさだといいですが！

あなた　Absolutely!
もちろんです！

Chapter 1

Chapter 2

Chapter 3

Chapter 4

Chapter 5

Chapter 6

Chapter 2　相手の印象に残る自己紹介を作ろう　　*69*

I've heard that（情報収集をした内容）.
○○だとうかがっています。

相　手 What do you do in your free time?
フリータイムには何をしていますか？

あなた I'm into（趣味）.
○○に夢中なんです。

☝ 共通の趣味を見つけたら

あなた Same here！
私もです！

We have a lot in common!
私たち、共通点がたくさんありますね！

Tea Break

Chapter 1
Chapter 2
Chapter 3
Chapter 4
Chapter 5
Chapter 6

スラスラ言えるまで 独り言を繰り返そう

🔊 2-9

　本書で「決めフレーズ」を覚えた後に必要なアクションは、アウトプットです。

　完璧に自己紹介を暗記できたと思っていても、いざ口に出してみると想像していたほどスムーズにいかないものです。

　日本語と英語では話すときに使う筋肉が異なるので、頭では言えても口が回らないことが多々あります（私も言い慣れていない単語や表現は、詰まってしまうことがよくあります）。

　ですから、自己紹介の台本を作り、決めフレーズを覚えた後は、実際に口を動かし、声に出して繰り返しアウトプットを行いましょう。英語の発音に慣れるための口内筋トレを継続することが、英会話力アップへの一番の近道です。

　Chapter 1で「日本語なまりのアクセントでも構わない」とお伝えしましたが、発音を気にするよりも、まず声に出さなければ何も始まりません。普段よりも口を縦横に大きく、少し大げさに動かすトレーニングをすればするほど、英語の発音が上達

します。そうすると、実際の会話においても頭で考える前に口の筋肉が動いて発声できる瞬発力が高まります。

　その瞬発力をさらに強化できる方法が、「独り言反復練習」です。日常生活の中でシチュエーションを設定し、覚えたフレーズを当てはめて実際に声に出していきましょう。

　例えば、外国人役員が来日したシーンを想定しましょう。「この1週間で初対面の挨拶をマスターしよう」と目標を決めて、毎日シャワーを浴びながら "Pleasure to meet you. I'm Maria.I was looking forward to seeing you." と、つぶやくのです。

　口を動かし音に変換することで、記憶と発音の通信回路の距離を縮める練習になりますので、スムーズに言えるまでは何度も反復練習をする必要があります。

　この小さな積み重ねを継続することで、大きな成果に必ずつながります。本書のアドバイスは、すべて私自身が英語習得において実践した上で効果を実感したものを厳選していますので、自信を持って継続してください！

　私自身も自己紹介文を暗記し、口に出して何度も練習するために、シャワーを浴びながら、ドライヤーで髪を乾かしながら、掃除をしながら、何度つぶやいたかわかりません。

Chapter 1
Chapter 2
Chapter 3
Chapter 4
Chapter 5
Chapter 6

　Chapter 2の内容を活用するなら、毎朝鏡に向かって**"Have a great day!"** とつぶやき、**"Same to you!"** と続ける。そうすると、いざ誰かに **"Have a great day!"** と声をかけられたときにも、**"Same to you!"** が瞬発的に口から出てきます。さらに、鏡に映る自分自身へ素晴らしい1日になることを祈ってから出かけるなんて最高じゃないですか♪

　他にも、日常のちょっとした感情を、英語に変換する練習がおすすめです。「これは英語で何と表現するんだろう？」と考えて、具体的な英語表現が頭に浮かんでこなければ、辞書で調べて「オリジナル独り言英語リスト」として、メモをしていくのです。

　「のどが渇いたな」とつぶやきたいとき、すぐに英語表現が思いつかなければ、インターネットで検索すると一瞬で解決しますよね。**"I'm thirsty."** と言うんだとわかったら、まずは声に出してみる。次にのどが渇いたと感じたときに、思い出してつぶやいてみる。

　海外旅行から帰ったとき、「時差ぼけだ」とつぶやきたいなら、まずは検索してみましょう。**"I'm jet-lagged."** がヒットします。もしメモしたフレーズが完璧に言えなかったとしても、**jet-lag**

（時差ぼけ）という単語を覚えていれば、そんな自分をほめましょう！　さらに、この単語は来日する外国人にも使えます。

　仕事でとても疲れた日があれば、"I'm tired."と言えますね。さらに疲れてヘトヘトな場合は、"I'm dying.（**死にそうなくらい疲れた**）"を使ってみましょう。

　おなかがすいていたら"I'm hungry."が一般的ですが、例えば予定が詰まって食事が取れずペコペコで飢えそうなくらい（大げさですが）になったら、"I'm starving.（**倒れそうなくらい腹ペコ**）"が使えます。こんなふうに表現の幅が広がるのは、面白いと思いませんか？

　ここでのポイントは、実際に使いそうなフレーズ・表現について、英語でどう言うのかを考え、調べることを習慣にすることです。英語のレッスンや実生活で遭遇する可能性の低いフレーズを教えられても、記憶に残りませんよね。「このシーンで使いそう」とイメージが湧くから、確実な記憶につながるのです。

　覚えたフレーズの反復練習で口の筋トレをし、さらに日常の独り言を英語変換する（フレーズ・単語リストを増やす）ことを1日1分でもいいので続けましょう。

　英語がスラスラ口をついて出るようになる確実なコツです。

Chapter 3

ビジネスシーンで
"できる"を演出する
フレーズ集

自信を持って意見が言えるようになる、相手の注意を引く一言とは

　あなたは普段、どうやって英語を勉強していますか？　英会話教室に通う、テキストを開いて独学、最近は英語レッスンを発信するユーチューバーもいるので、参考にする方もいるかもしれませんね。

　どんな手段でインプットをしても、いざ英語が飛び交う場になると、頭の中はパニックになりがちです。相手の話を聞いて理解しないといけない、自分の言いたいことをまとめないといけない、さらにそれを英語に変換しないといけない。いっぱいいっぱいになってしまいますよね。

　もちろん、相手の話す内容に返事や反応をすることは大切です。その上で、あなたが発言するときに意識すべきことが一つあります。

　それは「相手の注意を自分へ向けること」です。あなたが何かを言おうとして頭の中で文を組み立てているうちに、英語が高速で飛び交う場では、話題がどんどん進行します。ようやくまとまった考えを日本語から英語に変換しようと試みている間

Chapter 1
Chapter 2
Chapter 3
Chapter 4
Chapter 5
Chapter 6

に、会議や会話の場は終了してしまうのです。

　結果、何も言えずに外国人からは「彼／彼女はどうして何も発言しないんだ？」「何のために会議に出席しているんだ？」と思われてしまうのです。

　こんな事態を避けるために、本章でお伝えする「実践的な使えるフレーズ」を覚えて実際に活用してみましょう。相手の注意を引き、会話の場をつなぐ架け橋になるようなフレーズです。

　さまざまな状況を設定したので、シチュエーションを想像しながら読んでください。

　頭の中で英語を組み立てている間に時間切れになってしまう状況を打破するには、ファーストステップとして、あなたが積極的に議論に参加しようとする姿勢を示すことが大切です。

　「文法を勉強し直し、組み立てるスピードを今の５倍にしましょう！」なんてことは言いません。まずはフレーズを丸暗記して、口からアウトプットすることができれば、大きな一歩です。

　伝えたい考えがあるなら、発言する前の段階で自分に注意を向けさせ、タイミング良く、かつ伝わる言い方で意見を言えばいいのです。

　英語にも典型的なリアクションやフレーズがあります。それらをさらっと発言することができれば、同席者の意識があなたに向きます。同僚にも一目置かれ、会議や会話の場にいる価値と意義を示すことができるようになります。

以下、シチュエーションごとにご紹介していきます。

白熱する討論に口を挟むなら、手を挙げて "May I?"

🔊 3-1

　英語で議論が行き交う会議では、口を挟むタイミングがつかめない場合もあるかもしれません。特にネイティブスピーカーの比率が高いと、学校英語の倍速では!?と思うほどのスピードに感じるでしょう。

　発言するタイミングを見計らっているうちに次のトピックに移ったり、無茶なタスクが自分に振り分けられたりする可能性も否めません。

　そんなときは、何よりもまず同席者の注意をあなたに向けさせましょう。仮に意見がまとまっていなくても、流れを一瞬ストップさせることが大事です。そのために使える最短フレーズが、"May I?"。語尾を上げて言います。

　これなら瞬発で言えますよね。

　「May I? は何か省略している？」と気になった方もいるで

78

しょう。答えは、"May I share my opinion?" です。opinion は thought や take に換えてもOKです！

相手の会話に割って入るフレーズ

（手を挙げながら）

May I?
May I share my opinion?
ちょっと意見を言ってもいいですか？

　会話の流れがいったん止まり、参加者から "Sure." "Go ahead." といった「どうぞ」の返事があるでしょう。そうしたら、声量を意識して、この後お伝えする "My take is ..." や "Don't get me wrong, but ..." などと続けてください。

　ここで注意したいのは、申し訳ないと思う気持ちから、"I'm sorry." と言わないことです。この場合も会話は止まりますが、参加者は「何に対して謝っているんだ？」と疑問に感じてしまいます。

　挙手をして意見を言う際は、自信を持って背筋を伸ばし "May I?" と言うのが一番ですが、どうしても「すみません」といったニュアンスを加えたいなら、"Excuse me." を使いましょう。

　ただし、語尾を上げて "I'm sorry?" "Excuse me?" としかめっ面で言うと、本来の意味とは逆の印象を与えますので注意

Chapter 1
Chapter 2
Chapter 3
Chapter 4
Chapter 5
Chapter 6

しましょう。相手の発言に対して驚きや不快感を表すことになり、日本語にするなら「はい？　何を言ってるんですか？」というリアクションとして受け取られます。

リスペクトのない発言をされたときに、不快感を込めて"Excuse me?"と反応することで、「その発言は失礼じゃない？」「私のことをナメていませんか？」といった怒りの気持ちを表します。

ただ、あなたがしかめっ面をして嫌みな言い方をしない限り、相手を怒らせることはないので安心してくださいね。

日本人は"Excuse me."に慣れている方が多いかもしれませんが、"May I?"で自分に注意を向けることを意識してみてください。実践するうちにすぐ慣れますよ。

「私に任せて！」と自信満々に言いたいときは"Count on me!"

🔊 3-2

仕事やタスクを上司に指示されそうなとき、最終的にあなたが担当する可能性が高ければ、進んで引き受けるほうが良い印

象を与えるのは万国共通です。指名されてから受けるよりも、心象に格段の差が出るでしょう。

　能力の範疇を超えたり扱いきれなかったりする場合を除いて、過去に対応した経験や知識、自信があるなら、積極的に仕事に取り組む姿勢を見せましょう。周りの同僚に気を使って遠慮する必要もありません。

　"Can you manage this task?（このタスク、対応できますか？）"と上司に聞かれたら、あなたはどう返答しますか？

　「私の能力を信じて、任せてください」と意思を伝えるなら、"Trust me!"かな。それとも"Believe me!"かな、と思うかもしれません。

　これは、惜しいです。どちらも間違いではありませんが、ビジネスの場では"Count on me!（任せてください！）"が適切です。

　あなたが自分から名乗りを上げた後、上司から本当に大丈夫かと聞かれたときにこの表現を言えれば、やる気にあふれる印象を与えることができて評価がアップすること間違いなしです。

上　司　Can you manage this task?
　　　　このタスクに対応できますか？

あなた　Sure, count on me!
　　　　もちろん、私に任せてください！

| 上　司 | We need someone to take charge of the presentation. |

誰がプレゼンをするか、決める必要があります。

| あなた | Count on me. I'll make sure the presentation is well-prepared and delivered smoothly. |

私に任せてください。万全に準備して、プレゼンをスムーズに実行します。

"Count on me!（任せてください！）"の他にも、積極的で能動的な印象を与える言葉に、"You have my word."と"Let me own it."があります。

どちらも海外の方が参加する会議でよく使われますので、併せて覚えましょう。

ちなみに "Trust me." や "Believe me." を避ける理由として、これらは相手がこちらの能力に懐疑的だったり、信頼関係が築けていなかったりする場合によく使われるフレーズだからです。例えば、「（100％信頼していないかもしれませんが）私の対応・実績を信じてください」と信頼を得たい場面で使われます。

| 相　手 | Are you sure this is the right solution? |

本当にこれが正しい解決法ですか？

あなた Believe me, I've studied the data and this is the best option.

信じてください、私はデータをよく研究しましたし、これが最善のオプションです。

「任せてください！」を伝える表現

Count on me!

任せてください！

You have my word.

約束します。男に二言はありません。　※もちろん女性も使えます。

Let me own it.

私に対応させてください。

難題でも「できる」と感じたら
"I can handle it."

上司に "**Can you troubleshoot this?**（この件のトラブル対応を任せていいですか？）" と言われて、「はい、私がやります」と答える場合、"**I can handle it./ I can manage it./ I can take care of it.**" が使えます。ニュアンス的に "**Count on me!**" より自信の表し方が控えめ、かつ対応できる能力があることを伝えるのに最適な表現です。

上 司	Can you troubleshoot this?

この件のトラブル対応を任せていいですか？

あなた	Sure, I can handle it.

Sure, I can manage it.

Sure, I can take care of it.

もちろんです、対応できます。

"**Count on me.**" や "**I can handle it.**" とあなたがやる気を見せて任された場合、次の一言を加えるとより頼もしい印象を相

Chapter 1

Chapter 2

Chapter 3

Chapter 4

Chapter 5

Chapter 6

手に与えることができます。

I have managed similar projects before.

以前、同じようなプロジェクトを対応したことがあります。

I will kick it off with the team tomorrow.

明日からチームで始動します。

I will update you on the progress every other week.

隔週で進捗を報告します。

I will keep you updated.

都度、最新の状況をお知らせします。

I'm confident we can get it done together.

一緒に目標達成できる自信があります。

I'm an expert on this matter.

この事案は私の専門分野です。

　あなたの自信が伝わり、コミュニケーションがポジティブな
方向に進むフレーズです。謙遜し過ぎずに、自信があることや

経験が豊富なことはストレートに伝えましょう。

　依頼を受けたときのあなたの反応次第で、信頼関係を築く大きな一歩を踏み出せるはずです。

確信を持って発言するなら "I think" ではなく "I believe" を使おう

🔊 3-4

　英語で意見を言うとき、"I think ..." を使う方が多いと思います。もちろん、間違っていません！　ネイティブスピーカーもよく使います。

　ただ、ビジネスのシーンで多用すると、単調な印象を与えてしまう可能性があります。日本語でも、「私は……だと思います」を連発すると少し幼稚に聞こえますよね。

　そんな状態を避けるために、バリエーションを蓄えましょう。

「私は〜と思います」の言い方

My opinion is ...

My thought is ...

My take is ...

My perspective is ...

In my opinion, ...

　自身の専門性や知識に自信があり、相手を説得するつもりで
はっきりと意見をするなら、"I strongly believe ..."がおすす
めです。stronglyを入れることで、揺るぎない確信が伝わります。

自信を持って意見したいときに使えるフレーズ

I believe that ...
私は〜だと信じています。

I strongly believe that ...
私は〜だと確信しています。

I strongly believe that effective communication is the key
to the success.
効果的なコミュニケーションが、成功の可能性を最大化するカギ
だと確信しています。

　確信を持って意見をするシーンでは、相手の意見に同意する
展開も想定しましょう。

相手の発言にあなたが共感したとき、"I agree with you."を使うことが多いのではないでしょうか。

それに加えて、ネイティブスピーカーが頻繁に使う表現として "I'm with you." があります。こう言われたときに「私と一緒にいる？」と思考停止にならないよう、覚えておきましょう。

より強調したい場合、totally を加えて「深く同意」するニュアンスを出します。知っていると、あなたの感情の度合いをうまく表現できますよ。

相手の意見に共感、賛同するフレーズ

I'm with you.

おっしゃる通りです。

I'm totally with you.

激しく同感です。

相手　I think we should listen to customer feedback.

私は、顧客からのフィードバックを優先するべきだと思います。

あなた

I'm with you. Customer feedback is important for our improvement.

おっしゃる通りです。私たちがより良くなるには、顧客からのフィードバックは重要です。

「ジャストアイデア」に代わる "Just food for thought."

🔊 3-5

　確信を持って発言する "I believe that ..." とは逆に、それほど自信があるわけではないけれどアイデアが浮かんだときや、「ちなみに」というニュアンスで言っておきたい意見がある場合に使えるフレーズが、"Just food for thought." です。"My opinion is ..." などで意見を言った後に付け加えることで、「これはちょっと思いついたレベルですが」と伝えられます。

　単語ごとに分けると、意味を想像しやすいでしょう。直訳は「thought（考え）のためのfood（食べ物）」となり、比喩として使われます。「一つのアイデアとしては」「ご参考までに」が、日本語のニュアンスに近いです。

日本のビジネスシーンで、こういった表現が使われるのを耳にした方もいるのではないでしょうか。「単なるアイデアですが」と切り出して、思いつきや言いにくいことを軽く伝えるシチュエーションです。

　「単なるアイデア」を英語にするときは、"Just idea." ではなく、冠詞の an を入れて "Just an idea." とするのが正しい表現です。とはいえ、会話では an が抜け落ちても意図は伝わりますのでご安心を！

　冠詞が入るか、入らないか。完璧に言いたい気持ちが勝ったり、迷ってしまったりして意見を言わないよりかは、知っている単語をつなげてミスをしながらでも発言するほうが議論は進展します。

　次に、"Just an idea." を使うシチュエーションでは、"Just food for thought." をぜひ使ってみてくださいね。

　発言することへの緊張が解けるころには、"Just food for thought." を自然に使えるようになっているでしょう。外国人がよく使う表現ですし、この枕詞を知っているだけで、反対意見も発言しやすくなります。とても便利なフレーズです。

反論や否定をしたいときに 使える枕詞

◀》3-6

　誰かが少し的外れな発言をしたときや、プロジェクトリーダーが本来の目的とはそれた方向に話を進めてしまっている状況を想像してください。

　頭の中で「いや、それは違うでしょ」と思っても、面と向かって否定しにくいことがあるかもしれません。

　こんなときに使える切り出しフレーズが、こちらです。

I see your point, but ...
あなたの意見はわかります、ですが……。

Don't get me wrong, but ...
誤解のないように聞いてもらいたいのですが……。

　この枕詞で始めることで、but の後にあなたの正直な意見を、相手に配慮した上でやんわりと伝えられます。but の後には、"I believe that ..." や "My opinion is ..." をつなげて意見を続けましょう。完全否定したい場合も、相手を 慮 る一言がクッ

ションとしてあるため、失礼な印象を与えません。

　ただし、"That's impossible.（できるわけないですよ）""No way.（ありえません）""You are wrong.（あなたは間違っています）"などは否定の度合いが強く、相手の意見を切り捨てる印象を与えます。関係性を一気に崩しかねないので、よほどでない限り使うのは避けてくださいね。

やんわりと反論・否定するフレーズ

I see your point, but I believe that ...
おっしゃることはわかりますが、私としては……。

Don't get me wrong, but my opinion is ...
誤解しないでもらいたいのですが、私の意見は……。

即答できない質問の答えには "Let me double check it."

◀))) 3-7

　「会議で日本人に質問をすると Maybe ... I think so... とい

う返答で、はっきりイエスかノーかがわからない。次のアクションも明確でなくて困る」

これは、外国人を悩ませる「ビジネスシーンあるある」です。

日本人同士では空気を読むことを相手に期待したり、「それはそうですが」などとはっきり回答せずに終わりにしたりといったことが、仕事の場でも散見されます。

英語でこのような態度を取ると、優柔不断な印象やプロ意識に欠けるイメージを持たれてしまうリスクがあります。

上司や同僚に質問を受けた際や、報告すべき状況で、スマートかつ自信を持って切り返すフレーズを身に付けましょう。状況に合わせて表現を使い分けることで、トラブルを未然に防ぐことができますよ。

プロジェクトの進捗や、見積もり額が合っているか、営業戦略についてどの程度新規顧客の獲得を見込めるか、などを上司に質問されたとします。

即座に回答できれば、問題ありません。ですが、数字の記憶が不確かだったり自信がなかったりした場合には、**"Hmm ..., maybe ..."** などと適当に流さないようにしましょう。

誰しも常に記憶がベストの状態だとは限りません。確信が持てなければ **"Let me double check it.** (再確認させてください)" と返すのが賢明です。

Chapter 1
Chapter 2
Chapter 3
Chapter 4
Chapter 5
Chapter 6

「問題ない？」と聞かれて、"I think so." と答える人、「プロジェクトの進捗はどう？」と聞かれて "Good." とだけ答える人を見かけますが、相手に大変あいまいな印象を与えますので、避けましょう。

　質問や指摘をする側は期待値、もしくは疑念があるわけですから、明確な返事がないと「先方に確認していないのか」「正確に把握していないのか」といった、さらなるツッコミにつながります。マネジメント力に疑問を持たれないためにも、まずは "Let me double check it.（再確認させてください）" と言って時間の猶予をもらうのが最適です。

　相手の反応が "OK." "Sure." であれば、"I'll come back to you by noon today.（今日の正午までにあらためて回答します）" など、次に報告する目安を具体的に告げましょう。

　くれぐれも提示した期限までに報告することを、忘れないようにしてくださいね。

質問に即答できないときのフレーズ

Let me double check it.
再確認させてください。

期日を申し入れる表現

I'll come back to you by noon.

正午までに報告をします。

Let me confirm it by tomorrow.

明日までに報告をします。

※「いつまでに」は、「**by** +期日」と覚えましょう。

順調な進捗状況を伝えるなら "On the right track."

🔊 3-8

"**How is the project progressing?**（プロジェクトの進捗はどうですか？）"と聞かれて、問題なく進行している場合は、"**On the right track.**（進捗は順調です）"と答えましょう。

直訳は「正しい軌道の上に乗っています」。プロジェクトの進捗確認、会社の今後のビジョンや成長戦略、中・長期計画など、物事が正しい方向に進んでいるかを確認する際によく使われます。ぜひ覚えて使ってみてください。

"On the right track." の後に、具体的な数値やデータを付け加えると、より信頼性が増しますね。

進捗が順調な場合の返答

On the right track.
進捗は順調です。

The project is currently 60% complete.
プロジェクトの進捗率は現時点で60％です。

Customer satisfaction ratings improved from 75% to 90%.
顧客満足度は、75％から90％に上がりました。

"On the right track." は、ビジネスシーン以外にも使えます。例えば、初めて車を運転するエリアでは、こんな会話がやりとりされるでしょう。

A **Are we on the right track?**
　　この道で合っている？

B **Yes, we are on the right track to the destination.**
　　うん、正しい道に沿って目的地へ向かって進んでいるよ。

　プロジェクトの進捗率、売上額の伸び率、製品開発の進み具合など、さまざまなシーンに対応できるので、ぜひマスターしてください。

鋭い質問に対して、
時間稼ぎをするなら
"Good question. Well, ..." ◀)) 3-9

　相手から鋭い指摘をされたシチュエーションで使える便利フレーズです。

　最適な返答をするために、まずは返答するまでの時間稼ぎをするときに使えるのが、"Good question. Well, ..." です。

　直訳すると「良い質問ですね」で、相手の着眼点をほめる場合もあれば、「痛いところを突いてきますね」というニュアンスで使われることもあります。

　どちらの意味かは、会話の内容や状況次第ですが、あなたの質問に対して相手が "Good question." と反応したら、その質問が鋭い内容であると考えて間違いありません。

　日本人のみの会議では、面と向かって反論される機会は少な

いかもしれません。一方、外国人のいる会議では鋭い質問が飛び交い、互いに納得するまで議論が続くことがよくあります。

　痛いところを突かれて戸惑ったり、何も言えずに黙り込んだりすると、それまでの発言の信ぴょう性が薄れ、あなた自身の印象も悪いものになってしまいかねません。それを避けるためにも、まずは毅然とした態度で、"Good question. Well, ..."の一言を投じてください。

　"Good question." で相手の鋭い質問を称賛し、さらに"Well, ..." と続ければ考える時間を得られます。頭をフル回転させて、適切な切り返しをしましょう。

鋭い質問に対して、答える時間を稼ぐには

Good question. Well, ...
良い質問ですね。そうですね……。

　また、あらためて情報やデータを確認しないと回答できない場合には、"Let me double check it（再確認させてください）"や"I'll come back to you by tomorrow（明日までに報告します）"と伝え、黙り込んでしまうことは避けましょう。

限られた環境でチームの モチベーションを高めるフレーズ "Let's make the best of it!" 🔊 3-10

あなたがチームリーダーだとして、メンバーを奮起させたり励ましたりするなら、どんな言葉をかけますか？「絶対に成功させよう」「今できることを全力でやろう」「人事を尽くして天命を待とう」などが浮かぶでしょうか。

メンバーの士気を高め、モチベーションを引き出したいときに使える頻出フレーズが、"Let's make the best of it!" です。

仕事では、必ずしも十分なリソースを与えられるとは限りません。途中まで順調だったのに、トラブルに見舞われることもあるでしょうし、予想以上にスケジュールがタイトな場合もあるでしょう。

そんなときも、リーダーはメンバーを率いてプロジェクトを成功に導き、最大限の成果を出さなければいけません。「プロジェクトに障害が起きた」「限られた人数や時間で成果を出さなければいけない」「不測の事態に見舞われたメンバーを励ます」といったときは、会議の終わりにさらっと "Let's make the best of it!" と言うことで、メンバーのモチベーションを上げま

しょう。あなたのリーダーシップもレベルアップします。

　もちろん、"Let's try our best together!" や "Let's do our best!" でも、あなたの思いは伝わります。

限られたリソースで最大の結果を出そうと鼓舞するときのフレーズ

Let's make the best of it!
Let's try our best together!
Let's do our best!
できることでベストを尽くそう！

チームの成果をアピールできるリーダーになるなら "Let me highlight my team's achievement."

🔊 3-11

　プロジェクトを達成したら、成果を報告しますよね。ただ日本では、積極的なアピールをためらう人もいるのではないでしょうか。謙遜する文化が根底にあるためかと思いますが、「期待値を超える結果を達成しました！」と堂々と言うより、「このような結果となりました」と控えめに発表したり、上司が評価し

てくれるのをひそかに待ったりすることがあるかもしれません。

　外国人を相手に仕事をして印象付けを行い、結果として昇進昇給につなげるには、むしろ自分やチームの実績について積極的にアピールをするべきです。

　聞き手の注意を引いた上で、達成事項を報告するときは、"Let me highlight my team's achievement." と始めましょう。highlight は「強調する」という意味です。

　自分の上司がチームの頑張りを外国人役員にアピールしてくれたらうれしいですよね。上司への信頼度も上がること間違いありません。

　"Let me highlight my team's achievement." の後には、具体的な内容や数字を続けましょう。

成果をアピールする表現

Let me highlight my team's achievement.
私のチームの達成事項について、強調してお伝えさせてください。

We hit the annual sales target.
私たちは、年間売上目標を達成しました。

We increased the profit by 30% versus last year.
私たちは、対前年比で利益を30％増加させました。

We made the process more efficient and boosted our productivity.

私たちは、システムをより効率化することで生産性を向上させました。

"Well done.（よくやったね）""That's an impressive outcome.（素晴らしい成果ですね）""Your team's effort paid off.（チームの努力が実ったね）"といったねぎらいの言葉がきっとかけられるはずです。

　この後は、達成までのプロセスや来期の戦略について質問があると予想されます。準備をしておくといいでしょう。

英語のビジネス度を
アップさせるなら "quite"

3 - 12

　何かを強調する際、あなたはどんな単語を使いますか？ very や really ももちろん正解ですが、せっかく本書を手に

取ってくださったので、ビジネスシーンでスマートに決める表現をお教えしましょう。

それは、quite（非常に）です。

例えば"**Very interesting.**（とても興味深い）"よりも"**Quite interesting.**（非常に興味深い）"。"**Very impactful.**（とてもインパクトがある）"よりも"**Quite impactful.**（非常にインパクトがある）"を使ってください。

微々たる差ではありますが、同僚が **very** や **really** を使う中であなたが **quite** を口にすれば、少し洗練された雰囲気を醸し出せますよ。

ビジネス度がアップする強調フレーズ

That sounds quite interesting.

それは、非常に興味深いです。

The result is quite impactful.

その結果は非常にインパクトがあります。

The response was quite positive.

返答は非常にポジティブでした。

The presentation was quite informative.

有益な情報が非常に得られたプレゼンでした。

The team is quite motivated to succeed.

チームは成功するためのモチベーションが非常に上がっています。

最強の無料英語教材、教えます！

　今や、ネット上には、英語教材として活用できる動画ツールが溢れていますよね。

　選択肢が増えたということは、あなたのモチベーションを維持する最善の教材を厳選できるというメリットもありますが、一方で教材としてどれを集中的に使うべきか迷い、どれも流し見をしてしまうデメリットもある気がします。

　私自身、今でも英語力向上のために、日々英語に触れる時間を確保していますが、せっかく自分の時間とエネルギーを費やすのであれば、英語を通して何か新しい知識を身に付けたいと思うのです。

　ここでは、同じように一石二鳥の学びを得たいあなたに、最高の勉強ツールをご紹介します。

　それが、新しい英語表現、様々な分野の知識、さらに、プレゼン力も学べる、「TED talks」です。

TEDとは、広める価値のあるアイデア（Ideas Worth Spreading）を理念として掲げ、各分野で最先端にいる専門家たちがプレゼンテーションを行う世界規模の講演会です。

　テーマは科学からビジネス、芸術、世界規模の社会問題まで幅広いジャンルがあります。

　皆さんがよくご存じの著名人、Bill Gates、Steve Jobs、Michelle Obama、Stephen Hawking などがスピーカーとして登壇し、TEDのスピーチをインターネット上で配信しているものを TED talks と呼びます（https://www.ted.com/talks）。

　各分野より厳選されたスピーカーが最新の情報について英語でスピーチをするのですが、すべての動画に英語字幕が表示されていて（日本語字幕が表示されている動画も多くあります）、リスニングはじめ、様々な練習のために無料で活用できるのです。

　聞き取れない単語は字幕で確認できますし、0.75倍速で再生するなど、再生速度も調整できます。スラングを使わないため、正しい文法、フレーズが学べます。

　英語の勉強をしながら、最新の知識を学べるなんて、最高ですよね。

Chapter 1
Chapter 2
Chapter 3
Chapter 4
Chapter 5
Chapter 6

　私は、2022年12月に淡路島で開催された TEDx Awaji で、スピーカーとして登壇させていただきましたが、そこに至るまでの 2 年間、毎日必ず 1 本 TED talks を観続けました。

　1 本あたり、少なくとも10回は観ています。

　お気に入りのスピーカーの動画は50回以上観ていて、私自身の英語スピーチ力向上のために最高の無料教材として使い込んでいます。

　TEDのYouTubeチャンネルやホームページでは、2024年 2 月時点、4500本以上の TED talks 動画が用意されています。あなたの興味に沿ったテーマの動画が必ず見つかるはずです！

　そして、最終的には、字幕を見ながらでもいいので、スピーカーと同じような速度でスピーチを真似できる段階を目指して、何十回も繰り返し観ましょう。

　気づいたら、いつの間にか英語でのプレゼン力も身に付いていますよ。

Chapter 4

オンライン会議を
英語でスマートに
進行する

オンライン会議の開始時に要確認！ "Can you see me and hear me clearly?"

2020年初頭から世界各地に広まった新型コロナウイルス感染症によって混乱が生じ、日本社会も大きく変わりました。ビジネスシーンの変化の一つが、リモートワークの推進ではないでしょうか？

現在は以前のようにオフィスで働く人も増えていますが、働き方の選択肢が増えたことに違いはありません。フルリモートのスタイルで働く人も少なくないと思いますし、海外出張に行かずとも世界中の人とつながることのできるオンライン会議は便利ですよね。

本章では、外国人とのオンライン会議でスマートに対応できる英語表現をお伝えします。基本的には、日本人同士で行うやりとり、流れとほとんど同じです。

まず、オンライン会議の開始時は、あいさつをしますよね。定番は、"Good morning. / Good afternoon. / Good evening." です。このとき、相手のいる国の時刻を意識して、あいさつを

しましょう。

　例えば、日本の朝の時間帯は、アメリカでは夕方から夜に当たります。"Good evening." でスタートするのが最適です。もちろん、"Hi! / Hello!" と加えてもいいでしょう。

　次に、こちらの音声や映像が問題なく相手に届いているかを確認します。定番フレーズは、"Can you see me and hear me clearly?（私の映像と音声はクリアですか？）"。相手から "Yes." や "Sure." といった反応があれば、会議を開始します。

　音声のみつなぐ場合は、"Can you hear me clearly?" で OK です。

　このとき注意したいのは、「聞こえる」を listen にしないことです。listen は能動的に、対象に意識を向けて「聞く／聞き取る」動作であるため、「（ちゃんと）聞いていますか？」「注意して聞いてください」というニュアンスです。

　一方で、hear は受動的。音が「聞こえるか」を確認する際に使います。

　なお、参加者が全員そろうまでの時間は、沈黙を避けたいものです。英語圏では本題に入るまでの時間は99％、"How was your weekend?（どんな週末を過ごした？）" といったスモールトーク（雑談）をします。話題やコツは本章の後半で紹介しますので、ぜひ参考にしてください。

Can you see me and hear me clearly?
こちらの映像と音声はクリアですか？

相手の音声や映像が
聞こえないときの声かけ

🔊 4-2

　オンライン会議で、参加者の映像や音声の接続が悪い場合の
対応です。

● 音声が聞こえないとき

　音声が聞こえない原因は、ミュート（消音）の可能性がほとん
どです。確認のフレーズをさらっと伝えましょう。

You are on mute. Can you unmute yourself?
ミュートになっていますよ。ミュートを外してもらえますか？

　あなたがミュートのまま話していたときは、下記の通りに伝

えましょう。

Sorry, I was on mute. Let me repeat myself.
すみません、私がミュートになっていました。再度お伝えさせて
ください。

● **映像が暗いままのとき**

seems to ...（〜のようです）と言って、やんわり確認する方法
がおすすめです。下記どちらかの表現で伝えると、相手は「おっ
と、カメラをオンにしていなかった」と気付くでしょう。

Your camera seems to be off.
カメラがオフになっているようですよ。

Can you turn on the camera?
カメラをオンにしてもらえますか？

● **音声が小さいとき**

音声が小さくて、何を言っているか聞こえない場合もあるで
しょう。スピーカーのボリュームを上げても聞こえないときに、
使えるフレーズです。a bit を入れることで、柔らかさが加わり
ます。

Chapter 1

Chapter 2

Chapter 3

Chapter 4

Chapter 5

Chapter 6

Can you speak (a bit) louder?

（もう少し）大きい声で話してもらえませんか？

● **映像や音声が乱れるとき**

　オンライン会議では、パソコンのスペックやネット環境が進行具合を左右します。パソコンの動作が遅かったり、Wi-Fiの調子が悪かったりすることもあるでしょう。そんな事態にスムーズに対応するためのフレーズです。

相手の映像・音声が途切れて視聴しづらい

You are breaking up.

（Wi-Fiの調子が悪くて）音が途切れています。

自分のパソコンが不調なとき

Sorry, let me restart my PC and login again.

すみません、パソコンを起ち上げて入り直します。

　オンラインの環境が整ったら、会議を仕切り直します。

再開時の一言

Ok, let's get started.

それでは始めましょうか。

「聞いたことはあるけど使いこなせていない」フレーズがありませんか？　これらのフレーズはどれもよく飛び交う表現ばかりです。ぜひ覚えておきましょう。

資料を投影する際にトラブルがあったら？

◀)) 4 - 3

　オンライン会議で起こりがちなのが、資料を投影する際のトラブルです。不具合を解決しようと気がはやり、参加者を待たせてしまっていることにも焦る。解決に時間がかかるほど、気まずい空気が漂います。

　この状況を打破するのに良い一言はないものか。悩んだ方もいるかもしれません。シチュエーションにもよりますが、お役立ちフレーズを紹介しましょう。

　まず、パソコンの処理が進まない（ローディング状態が続く）、パソコンが固まってしまった場合は、次のように言って時間をもらいましょう。

Chapter 1
Chapter 2
Chapter 3
Chapter 4
Chapter 5
Chapter 6

Sorry, it's loading. Please give me a moment.

すみません、ローディングに時間がかかっているので、ちょっと待ってください。

Sorry, my PC froze. Let me restart it.

すみません、パソコンが固まってしまったので再起動します。

　画面共有をしていない段階では、あなたの状況、つまりトラブルは他の人に見えません。「どうして資料を映さないんだ」と思われる前に状況を伝え、落ち着いて対処しましょう。

　一方、参加者のパソコンに不具合が生じて、資料の投影に手間取る場合、その人は焦っているかもしれません。

　"Sorry, it's loading. Please give me a moment." と発言があったら、"Take your time.（焦らなくて大丈夫ですよ）" と返すと親切です。そして、問題の資料が映ったら、"There you go!（来ましたね！）" と笑顔で声をかけるとより良いでしょう。

　待たせて申し訳ないと思っている人にポジティブな一言をかけることで、その人は救われ、会議の雰囲気も和むでしょう。

担当者　**Sorry, it's loading. Please give me a moment.**
　　　　すみません、ローディングに時間がかかっているので、ちょっと待ってください。

あなた **Take your time!**
焦らなくて大丈夫ですよ！

（資料が投影されたら）

あなた **There you go!**
来ましたね！

担当者 **I'm so sorry to have kept you waiting.**
お待たせして申し訳ありませんでした。

参加者 **Don't worry!**
気にしないで！

　「大切な会議の時間を申し訳ない」と焦っている相手に、次の言葉をかけられたら、あなたの印象は格段にアップするでしょう。

Take your time. / No rush.
焦らなくて大丈夫ですよ。

Don't worry.
気にしないで。

Chapter 1
Chapter 2
Chapter 3
Chapter 4
Chapter 5
Chapter 6

That happens.

よくあることです。

That happened to me, too.

私にも同じことが起きました。

I can share the slides for you.

（パソコンに不具合がある人に対して）私が代わりに資料を共有します。

Now we can see it.

今、見えるようになりました。

Maybe you should restart your PC.

パソコンを再起動したほうがいいかもしれないですね。

　対面会議ほどには、互いの表情、距離感、雰囲気がわからないからこそ、オンライン会議は言葉でのコミュニケーションを増やしていくといいですね。

会議のオープニングに使える、好印象を与えるフレーズ

🔊 4 - 4

オンライン会議に限らず、リアルな場でも使えるフレーズを紹介しましょう。まずは、相手とのあいさつに加えたい一言です。

あいさつに加える定番フレーズ

Thank you for joining this meeting.
本会議へのご出席、ありがとうございます。

Thank you for your time in your busy schedule.
お忙しい中、お時間を頂戴し、ありがとうございます。

日本時間に合わせて相手国の深夜／早朝に会議に参加してくれている場合は、以下の一言を伝えると相手により良い印象を残すことができます。ワンランク上の気遣いを表現できます。

Thank you for making time in your late evening.
夜遅くにご参加くださり、ありがとうございます。

Chapter 1
Chapter 2
Chapter 3
Chapter 4
Chapter 5
Chapter 6

Thank you for making time in your early morning.
早朝にご参加くださり、ありがとうございます。

会議の前には
スモールトーク（雑談）をしよう

🔊 4-5

　スケジュールがタイトでなければ、会議の前に軽いスモールトーク（雑談）をしてから本題に入りましょう。特に外国人は週の初めや、打ち合わせの参加者が少ないほど、ちょっとした話をする傾向にあります。

　会議の参加者が遅れている場合や、気心が知れたメンバーの場合も、内輪ネタでスモールトークをすることがよくあります。

　スモールトークは、英語に自信がある人でもハードルが高いと感じるかもしれません。ですが、どんなささいな話題でもいいのです。雑談をすることで場は和み、お互いの緊張もほぐれていくので、対話がスムーズに進む確率が上がります。

　逆に会議が始まるまで静まり返り、全員黙っているほうが外国人にとっては不自然さを感じます。次のような話題を振って、

相手を知るきっかけをつくりましょう。

　趣味や家族構成などの共通点が見つかれば、相手との距離は一気に縮まり、その後の関係が円滑になることは間違いありません！

スモールトークの導入フレーズの例

Long time no see! How have you been?
お久しぶりですね！　お元気でしたか？

How was your weekend?
週末はどうでしたか？

How cold / hot is it over there?
そちらは、どれくらい寒い／暑いですか？

Cherry blossoms are blooming here in Tokyo. I love this season.
東京では、桜が咲いています。私の大好きな季節です。

I read in the news that you've had lots of snow in the U.S. Please stay warm!
ニュースで読みましたが、アメリカでは大雪が降っているそうですね。暖かくしてお過ごしください！

Chapter 1
Chapter 2
Chapter 3
Chapter 4
Chapter 5
Chapter 6

You must be busy with (企画名) project.
○○プロジェクトでお忙しいでしょうね。

　これらのフレーズを使うと、相手の近況や国について知ることができて、話も展開しやすいです。また、相手の仕事が忙しければ、"Please take care of yourself well.（どうかご自愛くださいね）" とねぎらいの言葉をかけるのもおすすめです。

リアルとオンラインでは若干違う、自己紹介の表現

🔊 4 - 6

　初対面のメンバーが多い会議では、最初に自己紹介をしますよね。あなたが会議を仕切る立場なら、チームのメンバーを紹介することになるでしょう。ここでは、社外のメンバーとのオンライン会議を想定したフレーズを学びます。

Let us introduce ourselves (before we start the meeting).
（会議を始めるにあたって）私たちについて紹介します。

ここで少し、Chapter 2を復習します。自己紹介の主要項目である、「名前（ニックネーム）」「社名／部署名」に加えて、必要に応じて「企画名」を伝えましょう。

　自身の実績や経験をアピールするために、長く働いている方は特に、「勤続年数」も伝えるといいでしょう。

自己紹介の例

Pleasure to meet you all. This is （名前）from （社名/部署）, working on （企画名） project.
皆さまはじめまして。○○社の○○と申します。○○プロジェクトを担当しています。

I've worked for the company for （勤続年数） years.
この会社で働いて、○年です。

I've been with （社名） for （勤続年数） years.
私は○○社で○年、働いています。

　オンラインでは名前を伝える際に、"I'm ..." ではなく "This is ..." を使うことに注意しましょう。電話も "Hello, this is Maria speaking.（もしもし、マリアです）" です。

　"I'm ..." でも理解してもらえますが、ネットや電話で面と向

かわない場合は"This is ..."を使うのが正解です。こういった細かいポイントを理解して使い分けられると、「英語をわかっているな」と印象付けられますよ。

グダグダ会議にならないために、会議のゴールを宣言する

🔊 4-7

　会議を始める際は、目的やゴールを共有しますよね。それを明確にせずに始めると、だんだん内容が不明瞭になり、結果的にふわふわした議論やおしゃべりをするだけの場になりかねません。

　会議の目的やゴールを共有するための切り出し表現は、"The purpose of this meeting is ..."。purpose of は goal for に置き換え可能です。議題という意味なら、topic や agenda にしてもいいでしょう。カタカナで使われる言葉なので、なじみがあると思います。

Chapter 1
Chapter 2
Chapter 3
Chapter 4
Chapter 5
Chapter 6

会議の目標設定をする表現

The purpose of / goal for this meeting is ...

会議の目的／ゴールは……。

Today's agenda item / topic is ...

今日の議題／トピックは……。

The first agenda / topic is ...

1つ目の議題／トピックは……。

使い方の例は次の通りです。

The purpose of this meeting is to have an action plan.

この会議の目的は、アクションプランを立てることです。

The goal for this meeting is to finalize the budget for the upcoming quarter.

この会議のゴールは、次の四半期の予算を確定することです。

会議をスムーズに進めるためには合意形成が必須

🔊 4-8

　あなたが会議の進行役（ファシリテーター）を務める場合、段取りよく進めて議論をまとめ、明確な結論を導き出せるかが、腕の見せどころです。そんなシチュエーションで使えるテクニックをお伝えしましょう。

　長時間の会議で、複数のトピックについて議論するとき、それぞれを精査する必要があります。タイムマネジメント上、いったん話を切り上げるケースもあるでしょう。そんなとき、次の議題に移ることを促す表現が、"Let's move on to the next topic / agenda item.（次のトピックに行きましょう）" です。

　このとき重要なのは、全員の理解が同じところにあるか確認すること。

　そんなときは、"Are we on the same page?" と質問します。same page（同じページ）のイメージは、授業で全員が教科書の同じページを開いて、同じ内容を理解している姿です。

　ほかには、誰かが次回までにデータを取りまとめて提出する必要がある場合、進行役はその旨を指示しなければいけません。

"Can you collect the data by next Monday?（来週の月曜日までにデータを集めてくれますか？）" のように具体的なアクションと期日を伝え、合意した上でトピックを次に進めましょう。

　ちなみに、ネイティブがよく使う表現として "Can you crunch the numbers?" があります。crunch the number は数字やデータを処理し、計算・分析するという意味で使われ、決断や判断をするための材料として、リクエストされることがほとんどです。予算、実績などのトピックでよく使われますので、覚えておくといいでしょう。

段取りよくトピックを進行させるときのフレーズ

Let's move on to the next topic / agenda item.
次のトピック／議題に行きましょう。

Are we on the same page?
この件はこれでいいですね？／同じように理解できていますよね？

Can you crunch the numbers?
この数値データの処理分析をしてくれますか？

（話の脱線を防ぎたいときに）

Let's stick to the agenda.

予定していた議題に沿って進めましょう。

相手と発言のタイミングが被ったときはどうする？

🔊 4-9

　全員に発言の機会が与えられている場で、いざあなたが発言したら誰かとタイミングが被ってしまうこと、ありますよね。そんなとき、特に日本人同士で起こりがちなのが「譲り合い合戦」です。「どうぞ」「どうぞ」と互いに譲ろうとした後に、再び発言が被ってしまう経験をした方も少なくないでしょう。

　オンライン会議の場合、リアルな会議にも増して発言のタイミングが被る可能性は高まります。オンラインはリアルに比べて相手の呼吸が読みづらく、映像の若干の時差もあり、タイミングを計りにくいのです。さらに、いろいろな国からの参加者が増えれば増えるほど、その確率は高くなります。

　もし発言のタイミングが被ってしまったら、"Go ahead!（ど

うぞ！）”と譲りましょう。とっさに言えるとスマートです。

　カメラがONなら手を差し伸べるジェスチャーもすると、相手に譲る意思がより伝わりますし、さらに丁寧度を上げるなら“Please go ahead.（お先にどうぞ）”がいいでしょう。会話のスピード感と関係性で使い分けてください。

　あなたが発言のタイミングを譲られた側なら、“Thanks.”と言ってから発言すればOKです。

　ちなみに、このシチュエーションは日本人が多い会議でよく見かけます。外国人同士の場合、発言のタイミングが被っても気にせず、そのまま話を続ける傾向が高いからです。どんな状況であっても、自分の意見を言い切るのです（笑）。

　ですから、あなたが勇気を出して発言し、タイミングが被ってしまったとしても、相手は話し続ける可能性が高いこともお伝えしておきます。

　ですが、その勢いに負けないでください。相手の勢いに負けて、自分の意見をなかったことにしないでくださいね！

　声量を上げて、自信を持って、“Hey, let me share my thoughts, too!（私の意見もシェアさせてください！）”と、相手が意見を言い終わるころにまた発言しましょう。

　もし、あなたの考えが相手の発言と同じだったら、“I totally agree with you!（私もまさに同感です！）”と伝えるだけでもいいです。あなたの考えをメンバーに伝えることが大事です。

さらにもう一つ、とっておきのフレーズあります。発言者の意見が明確に理解できなかったとき（うまく聞き取れなかったときにも使えます）、ただ繰り返すのではなく、もう少し詳しく説明してもらうように促し、相手に失礼にならないよう再度説明を求める一言が、"Can you please elaborate on that point?" です。

　ネイティブスピーカーもよく使う表現で、私もよく使います。この一言で、「理解できるような、できないような……」といったあいまいな状態を回避し、確実な理解へつなげることができます。

発言が被ってしまったときのフレーズ

Please go ahead.
お先にどうぞ。

発言のタイミングを逃してしまったときに

Let me share my thoughts, too.
私の意見もシェアさせてください。

相手の意見へのリアクション

I totally agree with you.
私もまったく同意見です。

相手の発言が良いポイントを押さえていたら

You have a good point.

良いポイントですね。

相手が洞察力の高い情報を共有してくれたら

That's a great insight.

それは素晴らしい気付きですね。

もう少し詳しい説明が必要なときは

Can you please elaborate on that point?

その点について、詳細を教えてもらえますか？

制限時間オーバーで、別会議が必要なとき

🔊 4 - 10

　議論の展開次第では、予定通りの時間内に結論までたどり着かないことはよくあります。

　1つのトピックが白熱した結果、終了時間までに議題を網羅

できなかったり、「この件は個別に話をしたほうがいい」「あらためて特定メンバーで会議を設けるのがいい」となったりするケースです。

　そんなときに使えるのが、"Let's take it off-line." です。

　off-line は「別枠」というニュアンスです。オンライン（ネット上）／オフライン（対面）の意味ではなく、この一言で別の会議を表現できるので便利です。

　「あらためて会議の場を設定しましょう」を、"Let's set another meeting again." と言ってもOKですが、"Let's take it off-line." とさらっと言えると「できるな」という印象を与えられるでしょう。

　さらに、新たな会議の参加者と日時を決められるなら、以下のように伝えます。

（来週の月曜日にジェイクとマリアで行う場合）

➡ Let's take it off-line with Jake and Maria next Monday.

別の機会に話をしたいとき

Let's take it off-line.

この件は個別に話しましょう。

Let's take it off-line with Ken and me, this afternoon.

この件は、本日午後にケンと私で話しましょう。

会議において秘匿情報を扱う際は、confidential を使って注意喚起します。内容を口外しないように強調するなら、"Please keep it confidential." とはっきり伝えましょう。自分がそのように言われたときは "Sure." と答えて、その後の情報取り扱いに十分注意します。

　次のような言い回しもあります。覚えておきましょう。

情報の秘匿を伝えるフレーズ

Please do not disclose this information.
この情報は口外しないでください。

Let's make sure to keep it between us.
この情報は、私たちの間に留めてください。

Let's continue this conversation privately.
この対話は秘匿情報として続けましょう。

結論をまとめる合図をしたいとき

Let's wrap up the discussion.
そろそろ議論をまとめましょう。

映画のせりふや洋楽の歌詞は、最高の英語教材

　語学習得は学習の継続が必須です。継続のコツは、とにかく好きなことや楽しいことを英語とリンクさせること。「TED talks」に加えて、洋画や洋楽も最高の語学教材です。

　私のレッスンでは、洋楽で学ぶ学習法が人気です。まず生徒さんに好きな曲を選んでいただき、一緒に歌詞を日本語に訳しながら内容を把握します。意味を理解したら、今度は英語で口ずさむ練習をします。最終目標は、カラオケで発表することです。

　モチベーションとしては、歌手・バンドのファンであること以外に「この歌をスムーズに歌えたらかっこいい」という憧れの気持ちを持つことです。そうすると、曲を聴くたびに「マスターできるまで頑張ろう」とやる気が出るのです。

　おすすめは、「何回観ても飽きない作品」「何度でも聴ける歌」を見つけることです。気に入った作品なら、俳優や歌手になりきって繰り返しまねをすることができ、その結果、リスニング力が鍛えられ、発音スキルの上達につながります。

　洋画であれば、好きなキャラクターを見つけましょう。

『アベンジャーズ』(*Marvel's The Avengers* / 2012) のアイアンマン (ロバート・ダウニー・Jr.) や、『パイレーツ・オブ・カリビアン』シリーズ (*Pirates of the Caribbean* / 2003-) のジャック・スパロウ (ジョニー・デップ) は、ハンサムでクール、そしてウイットに富んだキャラクターです。

　彼らのような英語を使いこなせたらと思うと、モチベーションが上がりませんか？

　表情や口の動き、使う状況などが映像から見て取れるので、自分がそのせりふを使うシーンをイメージトレーニングするとなおよいでしょう。SF映画などは、日常生活からかけ離れたシチュエーションが多いですが、憧れのキャラクターになりきろうとする「やる気」がカギです。好きな映画、キャラクターだからこそ、何度も繰り返し観ることができます。そして、どんな現実からかけ離れたシーンでも、単語・フレーズのバラエティーが増えることは、確実に英語力向上につながります。

　ディズニーのアニメ作品も素晴らしい教材です。すべてのせりふがクリアに発音され、スラングは少なく、正しい文法で構成されています。

　お子さんがいたら、一緒に見て好きなキャラクターをまねするのもいいですね。『アナと雪の女王』(*Frozen* / 2013) のエルサ

をお子さんが選んだら、あなたはオラフになって "I'm Olaf and I like warm hugs!（僕はオラフ。温かいハグが好きなんだ！）" となりきると楽しいですよ！

　お気に入りの洋楽は、歌詞を調べてみましょう。インターネットの検索サイトで、歌手（バンド）の名前、曲名、lyricsと入力すると見つけられます。曲名が思い出せなければ、歌手名での検索もいいでしょう。

　「Bohemian Rhapsody lyrics」と検索すれば、クイーンの『ボヘミアン・ラプソディ』の歌詞が、「Ed Sheeran lyrics」と検索すれば、エド・シーランの歌の歌詞がヒットします。

　検索窓に「日本語訳」と加えると、日本語訳が表示されることもありますが、せっかくなので、ご自身で和訳に挑戦してみましょう。

　好きな歌の歌詞を理解することで、「こんなに感動的な歌だったのか」「結構過激な内容だな」「すごくロマンチック」と、メロディーだけではわからない魅力を発見する機会になりますよ。

　知っている単語や表現が見つかれば、英語力の上達を実感するきっかけになりますし、「これだけ単語がわかるからフレー

ズも覚えられそう」と繰り返し口ずさむ意欲につながるでしょう。

　歌詞を覚えるプロセスで、アーティストの英語（発音）に似せたいというモチベーションが湧いたら、ゴールは近いです。

　例えば"I love you all."という歌詞と、その音がどう歌われる（リンクする）のか、耳は聞き取ろうとします。「アラビュオー」と聞こえた場合、その音をまねして発話すれば、ネイティブの発音をマスターできます。

　カラオケでかっこよく歌って、友人や同僚から一目置かれる存在になりましょう！

スラング少なめ、発音が聞き取りやすい！ マリア先生のおすすめ作品

【洋画】

・「ディズニー」シリーズ

・『ターミナル』（The Terminal / 2004）

・『プラダを着た悪魔』（The Devil Wears Prada / 2006）

・『しあわせの隠れ場所』（The Blind Side / 2009）

・『ズートピア』（Zootopia / 2016）

【洋楽】

・ビートルズ（The Beatles）

・バックストリート・ボーイズ（Backstreet Boys）

・テイラー・スウィフト（Taylor Swift）

・エド・シーラン（Ed Sheeran）

・アデル（Adele）

・ブルーノ・マーズ（Bruno Mars）

　好きな洋画はストーリーを把握しているでしょうし、洋楽もメロディーは頭に入っているでしょう。でも、せりふや歌詞を覚えるには、10回以上は観る・聴く覚悟で取り組んでくださいね。洋画であれば、全編観る必要はなく、お気に入りのシーンだけでも大丈夫です。何回リピートしても飽きることのない、好き過ぎて役や歌手になりきれるものを選択することが、一番のポイントです。

　さらに、洋画を観るときはせりふだけでなく、ボディーランゲージやハンドサイン、表情も観察し、まねしてみてください。繰り返しになりますが、ものまねをしてなりきることが上達のための最大のコツです。

Chapter 5

来日した
エグゼクティブを
もてなす英語

待ち合わせに使える
スマートな言い回し

🔊 5-1

　ビジネスはもとよりプライベートであっても、海外からエグゼクティブや同僚を迎えるときには、相手の印象に残る迎え方をしたいものですよね。

　日本文化に特有の「おもてなし」があるため、余計にそう感じるのかもしれません。相手に「日本に来て良かった」「また日本に来たい」と感じてもらいたいという誇りと思いやりの心を持っている日本人は多いと感じます。ただ、せっかくおもてなしの気持ちはあっても、言葉が出てこないなど、もどかしさを感じた経験のある方は多いのではないでしょうか。

　本章では、おもてなしの表現をお伝えします。難しい単語は一切なく、知っているものばかりだと思いますので、マスターしてすてきな気遣いを世界へ発信してくださいね。

　最初は、待ち合わせに関するフレーズです。メール、テキストメッセージ、電話など、ビジネスにもプライベートにも使える表現です。しっかり覚えていきましょう。

相手のいる場所に向かっていることを伝える表現

（すでに家を出ている状況なら）

I'm coming.

今、向かっています。

（ちょうど外出するところなら）

On my way.

そちらに向かっているところです。

　エグゼクティブをホテルへ迎えに行き、"**See you in the hotel lobby.**（ロビーでお待ちしています）" とテキストメッセージを送ったとします。相手から "**On my way.**（そちらに向かっているところです）" と返ってくれば、部屋を出てエレベーターに向かうころと推測できます。

● **相手が道に迷ってしまったら**

　外で待ち合わせをするときに、相手が道に迷ってしまった場合は、電話やメッセージが来るかもしれません。そんなときに "**Where are you?**" と聞いても、土地勘のない相手は答えに困るでしょう。

　待ち合わせに遅れると、あとの予定が押してしまうのでイライラするかもしれませんが、あなたも初めて訪れる国、場所で

は迷うこともあるでしょう。遅れた当人は迷惑をかけて申し訳ないという気持ちになっているはずなので、冷静かつおおらかな気持ちで対応できると、あなたの印象はとても良くなるでしょう。

　もし、相手が迷ってしまったと連絡が来たら、次のように聞いてください。

相 手　I'm afraid I'm lost.
　　　　申し訳ないけど、迷ってしまった。

あなた　Don't worry. Do you see any landmarks?
　　　　大丈夫ですよ。何か目印になる建物は見えますか？

　"Convenience store? Restaurant? Any big buildings?（コンビニエンスストアは？　レストランは？　大きなビルはありませんか？）"など、例を挙げるとよいでしょう。

　現在地のGPS情報をテキストで送れるか、確認してもいいですね。現在地の情報を送るよう依頼するときは、"Can you send me your GPS location?（あなたのGPS位置情報を送ってくれますか？）"と聞いてみましょう。

　また、駅で待ち合わせる場合には、前もって "I will be waiting at Yaesu central gate at Tokyo Station.（東京駅の八重洲中央口改札前で待っていますね）" と具体的に伝えることで、トラブルを防

ぐ一手になります。日本人同士の気遣いと同じですね。

　改札は **gate** です。**gate** の前に **central**（中央）や **east**（東）などの名称を加えると、特定できていいでしょう。

　Station の前に **Tokyo** や **Shinjuku**、**Osaka** などの駅名、路線が多数あるエリアであれば **JR** や **metro**（地下鉄）などの路線名を入れると、さらにわかりやすくなります。

　もし、あなたが相手のいる場所まで迎えに行くほうが確実だと判断したときは、"**I'll come and pick you up now. So please stay there.**（今から迎えに行きますので、そこにいてください）" と、その場を離れないようにはっきり伝えましょう。

待ち合わせをするときに使えるフレーズ

Do you see any landmarks?
何か目印になる建物は見えますか？

I'm at the（central / west / east）**gate at**（駅名）**Station.**
○○駅の（中央／西口／東口）改札にいます。

Can you send me your GPS location?
あなたのGPS位置情報を送ってくれますか？

I'll come and pick you up now. So please stay there.
今から迎えに行きますので、そこにいてください。

遅刻をしている相手への
スマートな声かけ

🔊 5-2

　初めて日本を訪れた外国人は、慣れない土地で道に迷って、予定通りに待ち合わせの場所に到着できないこともあるでしょう。

　例えば、相手から"Sorry, I'm five minutes late.（すみません、5分遅れます）""I'm five minutes away.（あと5分で着きます）"などのメッセージが来たとします。

　"OK." という返信は、もちろん間違いではありません。ただ、そこで一言、"Don't worry. Take your time.（急がなくても大丈夫です。ごゆっくりどうぞ）"と加えられると、相手の受ける印象がやわらかくなります。

　「問題ないですよ」の意味でネイティブスピーカーがよく使う "No problem." や "No worries." は、「大丈夫ですよ」のニュアンスでもよく使われます。

"Sorry." と謝られたときや "Thanks." とお礼を言われたとき、どちらのシーンでも頻出するフレーズです。

一つご注意いただきたい点は、「お待ちしています」を直訳した "I'm waiting." です。言い方やトーンによっては、「（あなたが遅れている間）こちらは待っていますよ」というニュアンスになり、相手へのプレッシャーになるので注意しましょう。

「お待ちしておりますので、大丈夫ですよ」という意図を伝えるなら、"Take your time. I will be waiting for you." が自然です。

遅れている相手への気遣いフレーズ

Take your time.
どうぞごゆっくり。

No problem. / No worries.
問題ないですよ。

Take your time. I will be waiting for you.
お待ちしていますので、ゆっくりお越しください。

飛行機で到着した相手への気遣い表現

🔊 5-3

　仕事で関わる外国人を駅や空港、ホテルなどへ迎えに行く場合、何度か会ったことのある相手なら共通の話題があり、スモールトーク（雑談）に困らないでしょう。

　一方で、初対面の場合、会話の内容に悩むかもしれません。

　日本人同士なら天気の話をよくしますが、海外から来た人にはフライトについて聞くのが無難です。あなたの気遣いも伝わるでしょう。万能フレーズを紹介します。

How was your flight?
フライトはいかがでしたか？

　相手の反応は、大体次のようなものでしょう。

It was good, thanks.
良かったです、ありがとう。

The flight went well, no delays.

フライトは順調で、遅れもありませんでした。

It was a bit bumpy, but overall okay.

少し揺れましたが、全体的には大丈夫でした。

It was a long flight. 12 hours!

長いフライトでした。12時間もかかりました！

（アメリカから日本への飛行時間は、12時間以上かかります）

I watched three movies on the plane.

機内で映画を3本観ました。

これらの返答があった場合は、**"What movie did you watch?** （何の映画を観ましたか？）"と、話が展開できますね。

もし **"I slept well." "Good."** などのように返事がシンプルな場合、**"How is your jet-lag?** （時差ボケは大丈夫ですか？）"と聞いてみてください。

"It's a 14-hour time difference. （日本と14時間の差がありますものね）" **"It's night time in the U.S.** （今、アメリカは夜の時間帯ですね）" など、会話を広げることもできます。

外国人がよく使う単語に、**red-eye flight** があります。「深夜

便」という意味で、夜に出発して翌朝、目的地に到着するフライトを指します。機内でうまく寝付けず、到着したころには目が赤く充血していることを表現した用語です。面白いですよね。

　相手が疲れている様子ならば、ぜひ気遣いの一言を添えましょう。

あなた　How was your flight?
　　　フライトはいかがでしたか？

相　手　I'm tired from the red-eye flight.
　　　深夜便だったので、疲れています。

あなた　Oh, I hope you can rest well tonight.
　　　それはそれは、今夜はゆっくり休めるといいですね。

　会話の流れがイメージできましたか？　話のとっかかりや、ねぎらいの気持ちを表す定番表現ですので、頭に入れておくと沈黙にオドオドすることもなくなるでしょう。

飛行機で到着した相手を気遣うフレーズ

How was your flight?
フライトはいかがでしたか？

How is your jet-lag?
時差ボケは大丈夫ですか？

I hope you can rest well tonight.
今夜はゆっくりお休みできるといいですね。

エレベーターを譲るときの
フレーズと注意点

◀)) 5-4

　エレベーターの乗り降りの際、「お先にどうぞ」と英語でもスマートに言えるとかっこいいですよね。このとき、使えるのが **"After you.（お先にどうぞ）"**。

　「お先に」なのになぜ after ? と、不思議に思うかもしれませんが、これは **"I will go after you.（私はあなたの後に行きます）"** が短縮された形だからです。

　本書を通して真剣に学んでくださっている方の中には、「もしかして、あの表現が使えるのでは」と、フレーズが頭に浮かんでいるかもしれませんね。

Chapter 1
Chapter 2
Chapter 3
Chapter 4
Chapter 5
Chapter 6

そうです！　オンライン会議で発言のタイミングが被ったときに、相手に譲る "Go ahead." です。

また、「お先」という言葉に first が頭に浮かんで混乱してしまう方は、"You go first." でもOKです。

この３つの中で、ニュアンス的に一番丁寧な印象を与えるのは "After you." ですが、覚えやすいフレーズからぜひ使ってみましょう。

エレベーターを譲るときのフレーズ

After you.
Go ahead.
You go first.
お先にどうぞ。

ここで、一つ注意してもらいたいことがあります。海外はレディーファーストの文化が強く根づいた国が多く、あなたが女性であればエレベーターやエスカレーターを譲ろうとしても、相手から "After you." と言われる可能性が高いです。

日本であれば「性別関係なく、年上や役職が上の人へ譲るべき」というマインドがあり、相手がエグゼクティブであればなおさら譲るべきと考えるかもしれません。

譲ってくれた相手に "No, no, no. After you." と対応すると、

収拾がつかなくなってしまいます。

　性別、年齢、役職は関係なく、相手があなたに "**After you.**" と声をかけてくれたら、笑顔で "**Thank you.**" と受け取るのがベストです。相手の気遣いを感謝の気持ちで受け取ることも、おもてなしの一つだと思います。

日本語の「恐れ入りますが」を英語で言うなら

🔊 5-5

　日本のビジネスシーンで、目上の人にお願いをするときによく使われる表現といえば「恐れ入りますが」ですよね。

　英語には自分がへりくだるような「謙遜」表現は、私の知る限りないとお伝えしましたが、「恐れ入りますが」という心遣いについては該当するものがあります。

"Would you mind（動名詞）?"

　動名詞は、動詞に **ing** を付けたものです。相手への依頼を伝えることができ、次のように使います。

Would you mind opening the window?
恐れ入りますが、その窓を開けてもらえませんか？

Would you mind muting your phone?
恐れ入りますが、スマホをミュートにしてもらえませんか？

Would you mind booking a meeting room?
恐れ入りますが、会議室を予約してもらえませんか？

Would you mind taking minutes for this meeting?
恐れ入りますが、議事録を取ってもらえませんか？

お願いするフレーズの丁寧度は、次のように変わります。

Can you ...?　＜　Could you ...?　＜　Would you mind ...?
カジュアル ◀━━━━━━━━━━━━━━━━━━▶ 丁寧

　繰り返しになりますが、英語は実際に口に出して使うことで、慣れていきます。お願いごとをたくさんしましょう！

　"Would you mind?"は、シチュエーションによっては最後まで内容を言わなくても依頼を察してもらえることがある、便利な表現です。例えば、写真を撮りたい場面で、近くにいる人に

カメラを渡しながら "Would you mind?" と言えば、「写真を撮ってほしいのね」と伝わるでしょう。

「恐れ入りますが」を表現するフレーズ

Would you mind（動名詞）?
恐れ入りますが、……してもらえませんか？

去り際に「何かあればお知らせください」とスマートに言うなら

🔊 5-6

海外からのエグゼクティブを応接室に案内して、「何かあればお声がけください」と伝える場合、一語ずつ英語に変換しようとして、詰まってしまう方もいるかもしれません。

そんなときに使えて、いろいろな場面に応用できる万能フレーズ、"If you need anything, let me know.（何かあればお声がけください）" を覚えておきましょう。

正確には、"If you need my support with anything, please let me know.（何かお役に立てることがあれば、お知らせください）"

ですが、ちょっと長いですよね。

"If you need anything, let me know." はネイティブスピーカーも使いますし、すでに皆さんが使い慣れている単語を組み合わせたシンプルな言い回しです。ぜひ覚えて、さらっと口から出せるようにしましょう。

相手がサポートを必要としていればレスポンスがあるでしょうし、その時点で特になければ "Thank you." と返ってくるでしょう。

ちなみに、"Thank you." の返答について、学校では "You're welcome." を習ったと思いますが、ネイティブスピーカーは別のフレーズもよく使います。

スマートな返しとして覚えておくといいのが、"My pleasure. (喜んで＝どういたしまして)" や、"Anytime. (いつでもどうぞ)"。

スムーズに笑顔で言えると、あなたの印象は格段にアップします。同僚からも一目置かれるでしょう。

去り際に相手を気遣うフレーズ

あなた　If you need anything, let me know.
何かあればお声がけください。

相　手　OK. Thank you.
わかりました。どうもありがとう。

My pleasure. / Anytime.
どういたしまして／いつでもどうぞ。

食事への招待は、
思いやりの一言を添えて

🔊 5-7

　来日したエグゼクティブを歓迎するために、日本食を楽しんでもらう場を設ける機会もよくあると思います。あらかじめ会食の予定を組むこともありますが、滞在期間が長く、予定がフレキシブルな場合は、どう食事に誘うとスマートでしょうか？

　そんなときは、"**Would you like to join us for dinner this evening? No pressure, if you are tired.**（よろしければ、今夜一緒にお食事はいかがですか？　もちろん、お疲れならご無理なさらずに）"と相手への気遣いを添えてさらっと言えるとすてきです。

　ポイントは、"**No pressure, if you are tired.**"。フライトの直後は、ホテルでゆっくりしたいと考える人もいます。さりげない一言を加えることで、相手に断ることを躊躇させない心遣い、日本人らしいおもてなしの気持ちが伝わります。

食事に限らず、相手を何かに誘うときには、"**No pressure, if you are tired.**" を加えると、あなたにとっても声をかけやすいはずです。

相手に負担をかけずに食事に誘うフレーズ

Would you like to join us for dinner this evening?
No pressure if you are tired.
よろしければ、今夜一緒にお食事はいかがですか？　もちろん、お疲れならご無理なさらずに。

この会話の展開として、相手からは二通りの返事が予想できます。返事がイエスなら、次のような答えが返ってくるでしょう。どれも前向きなニュアンスです。

I would love to!
ぜひそうしたいです！

I'm in!
参加します！

Count me in!
私も加えてください！

Sounds great!
すてきです！

Sure! Why not?
もちろん！

反対にお断りされるときは、次のような返事でしょう。

Sorry, I can't.
ごめんなさい、行けません。

Sorry, I'm afraid I can't make it.
すみませんが、難しいです。

Sorry, I'd love to but ...
申し訳ない、ぜひそうしたいのですが……。

I'm afraid には、「怖い」に加えて「申し訳ない」という意味もあります。相手からの誘いを断るときには、かなり高確率で枕詞として使われますので、覚えておきましょう。

エグゼクティブを見送るフレーズ

◀)) 5-8

　エグゼクティブをホテルへ戻るタクシーに乗せる際や、空港での見送り時に使えるあいさつもマスターしましょう。相手との関係やシチュエーションによって、多少違いが生じます。

相手を見送る基本フレーズ

Take care. Have a good rest.

お気をつけて。しっかり休んでくださいね。

See you again soon. Have a safe flight.

またすぐお会いしましょう。安全なフライトを（＝気をつけてお帰りください）。

引き続き連絡を取る相手への別れの表現

Let's keep in touch. / Let's stay in touch.

引き続きよろしくお願いします。

Let's connect again soon.
また近々連絡を取り合いましょう。

"Take care." だけでも、「お気をつけて」という気持ちは十分伝わります。

このとき、「お気をつけて」を "Be careful!" と訳さないように注意してください。差し迫った危険など、相手の注意を引くために使う表現だからです。タクシーや空港での見送りで、笑顔で手を振りながら "Be careful!" と叫んでしまうと、「何か気をつけなきゃいけないことがあるのか？」と相手を混乱させてしまう可能性があります。

今後も連絡を取り合う相手には、"Let's keep in touch. / Let's stay in touch." "Let's connect again soon." と一言添えましょう。相手との距離を縮めたいニュアンスが伝わります。

ただし、普段メールなどで連絡することのないCEOや役員に対して、"Let's connect again soon." と言うのは、カジュアル過ぎて不自然ですので避けてくださいね。

また、"Bye-bye!" は少し幼稚な印象を与えます。ビジネスシーンで使うとしたら、"Bye." と1回だけにするのが無難です。

Thank you card で
最上級のおもてなしを

◀)) 5-9

　日本には「お礼状」を送る文化がありますよね。ぜひその習慣とおもてなし精神を活用しましょう。

　来日したエグゼクティブとの別れ際に Thank you card を渡すことで、相手に深い印象を与え、日本滞在中に会った社員の中でも、あなたの存在を際立たせることができるでしょう。おもてなしは、相手が目の前から去った後も続くのです。

　でも、英語で Thank you card なんて書いたことがなくてハードルが高い、と思った方、安心してください！

　本書から必要なフレーズを書き写すだけで OK！　3分あればできあがるテンプレートをご紹介します。ポイントは、あえて手書きでメッセージを書くことです。その理由は、2つあります。

　1つ目は、日本人の手書きの英文字は世界一読みやすく、きれいだからです。

　日本では、小学校でアルファベット、さらに筆記体も習うた

め、きれいな手書き文字を当たり前に感じますが、海外では非常に驚かれます。

特に筆記体の読みやすさが、顕著です。外国人の書く文字は、一つ一つの文字がつながっていて（しかも私たちが習った筆記体とは違う形でつながっていることも多い）、解読にとても時間を要します。私自身、読み解けないケースもありました。文字を解読することに必死で、メッセージが頭に入ってこないのです。

それに比べて日本人の書く英文字は、世界中の誰が見ても一瞬でわかるきれいさ。実際、私の書いた筆記体にビックリされたことも一度や二度ではありません。

2つ目の理由は、確実に相手に読んでもらうためです。

エグゼクティブには、毎日何百通ものメールが届きます。その中にあなたの **Thank you** メールが紛れてしまうと、印象に残らないばかりか、緊急度の低いメールとしてスルーされてしまう可能性が大きいです。

別れ際に手書きのカードを渡すことを想定してみましょう。

まずカードを渡された時点で、エグゼクティブは想定を超えるおもてなしに驚き、喜んでくれます。うれしい気持ちの余韻がある中、タクシーで空港へ移動して、フライトまでの時間を過ごします。

あなたが手書きの手紙を渡されたら、この時間に読みたいと思いませんか？　流し読みされる可能性が高いメールと違い、

待ち時間にゆっくり読んでもらえるカードは、あなたの印象を絶大なものにするでしょう。

せっかくですので、さらなる必殺技を私の体験を交えてお伝えします。カードが書けたら、あと2つだけ工夫を凝らします。何百倍もの効果が見込めますよ。

私はアメリカ本社から来日した執行役員に、手書きのカードを渡して「この工夫」を加えました。

帰国後、役員は私の心遣いを絶賛。上司をはじめとする多くの社員に「マリアは素晴らしいポテンシャルを持っている！」とベタ褒めして、私の評価を格段に上げてくれたのです。

ささいな工夫がキャリアに影響するなら、やらない理由はないでしょう！

工夫その1 ▶ 折り鶴を封筒に入れる

小さな折り紙で構いません。鶴を折って同封することで、相手をさらに喜ばせるサプライズが加わります。

外国人は日本人に比べると、折り紙などの細かい作業が苦手な傾向にあります。そのため、折り鶴はレベルが高いアクティビティに見えます。

エグゼクティブに家族がいる場合、折り鶴のインパクトは周囲にも広がります。「こんなお土産を日本の社員にもらった」と折り鶴を見せている姿を想像すると、うれしくなりますよね。

著者撮影

工夫その2 ▶ 滞在中の写真を同封する

　チームで一緒に撮った写真をプリントし、プレゼントします。スマートフォンがあれば簡単に撮影でき、コンビニエンスストアですぐに現像できます。

　写真があることで、誰とどこでどんな時間を過ごしたか思い出せますし、一緒に仕事をした仲間として「忘れられない人の代表」になるでしょう。

　Thank you card を書く、折り鶴や写真を忍ばせるといった準備は、忙しい業務の中で行うには多少面倒かもしれません。ですが、プレゼントした後にあなたが相手に与えるインパクトを想像してみてください。

Thank you card はテンプレートを使えば、簡単に作成できます。折り鶴も写真の現像も、30分あればすべて用意できます。

どうしても時間がなければ、Thank you card だけでも実践してみてください。

エグゼクティブや海外から来日した社員が対話をする日本人社員は、少なくても数十人。数百人になることもあるでしょう。そんな中で、あなたの存在を際立たせるには、相手を思う心遣いと感謝を込めたアクションが必須なのです。

コピペで簡単！
Thank you card 🔊 5-10

Dear ○○（相手の名前／ファーストネーム）
○○様

少しカジュアルな書き出し （同僚向け）

Thank you so much for your visit and taking time for us out of your busy schedule.

Time flies, but I hope you enjoyed your stay in Japan.

この度は、お忙しい中来日いただき、一緒に時間を過ごせたことをとてもありがたく思います。あっという間に時間が過ぎてしまいましたが、日本滞在を楽しんでもらえていたら幸いです。

フォーマルな書き出し （エグゼクティブ向け）

On behalf of the entire team, I wanted to extend our deepest gratitude for your visit to Japan. It was truly an honor to host you.

チーム全体を代表して、来日してくださったことへの深い感謝をお伝えさせてください。あなたをお迎えできて、大変光栄でした。

※下記より適切なものを２、３選んでください。

Talking to you in person motivated me a lot.
直接お話ができて、モチベーションが上がりました。

It was great getting to know you better.
あなたのことをより深く知る機会を持てて、とても良かったです。

I learned a lot from you, and I'll start taking more initiatives to overcome challenges.
あなたからたくさんのことを学ばせていただき、今後、さまざまなチャレンジを乗り越えるために積極的に行動していきます。

I will share the knowledge and insights I learned from you with my team members.
あなたから学んだ知識と気づきを、チームのメンバーとシェアします。

I won't forget your kind words on my effort. You made my days!
私の努力に対するあなたの優しいコメントを忘れません。幸せな数日間でした！

I'm lucky to be part of the project with you.

あなたと一緒にこのプロジェクトに取り組むことができて、私は恵まれています。

I'm lucky to have you as my counterpart.

あなたと一緒に仕事ができて、私はラッキーです。

※counterpart は「同じレベルの仕事相手」というニュアンスがあるので、目上の人に使うのは避けてください。

It was great that we could share our honest thoughts and have meaningful discussions.

あなたと率直に意見を交換し、有意義な議論ができて、とても良かったです。

少しカジュアルな締めくくり （同僚向け）

I wish I could show you more of beautiful Japan, but I'm very much looking forward to having you here again soon! Please keep in touch.

もっと日本の美しさをお見せしたかったのですが、またすぐお会いできることを楽しみにしております。引き続き連絡を取り合いましょう。

I appreciate the time and effort you invested in enhancing our relationship. Your visit has strengthened our commitment to achieving shared goal.

我々との関係性強化のために費やしてくださった時間、そしてご尽力に感謝します。来日してくださったおかげで、共通の目標達成に向け、覚悟が揺るがないものになりました。

Safe travels, and we look forward to welcoming you back to Japan in the future.

お気をつけてお帰りください。そして、また日本へお迎えできることを、心待ちにしています。

Best regards,
自分の名前
役職名、会社名
日付（日／月／年）

Tea Break

社長秘書が教える、 海外ゲストの印象に残るおもてなし

　私が社長秘書として、海外から来たゲストに紹介する場所、おすすめのお土産などで、日本を楽しんでもらうために意識していることがあります。どれもささいではありますが、喜んでもらえることばかりなので、ぜひ参考にしてください。

● 東海道新幹線は富士山の見える席を予約

　東京と関西を結ぶ新幹線は、上りも下りも「E席」を予約しましょう。富士山が一番良く見える席です。

　「日本に来たら、富士山を一目でも見たい！」と言う人がほとんどで、新幹線の窓から見えたときには、皆さん必死でカメラを構えます。あとは、天気が良いことを祈るのみ！

● ゲストの信仰やアレルギーをチェック

　宗教上の理由で、食事に制限のある人がいます。イスラム教を信仰するムスリムは、法で許された「ハラルフード」のみを口にし、豚肉やアルコール（酒類）は避けるべき食品です。豚肉の加工品や豚骨ラーメンはNGで、お弁当によくあるポーク

シューマイなども注意が必要です。

　食品アレルギーがある人もいるかもしれません。命に関わることもありますので、事前に食についての確認は必ず行いましょう。

● 予定表には「相手の国の現地時間」も記載

　エグゼクティブの日本滞在中は、会議などの予定をまとめたスケジュール表を作成し、お渡しするでしょう。このときタイムテーブルに、相手の国の時刻も記すと親切です。

　出張中でも自国から連絡が入ったり、緊急対応が必要なアクシデントが起きたりする場合があります。予定表に日本と現地の時刻が併記されていると、時差を計算する手間が省けます。私は「これ、助かるよ」と何度言われたかわからないほど、感謝されました。

● 買い物を楽しめる、近場で意外な場所

　日本出張したエグゼクティブを、浅草や東京タワー、屋形船といった「日本らしい」スポットへお連れしたい気持ちになりますよね。ただ、スケジュールが詰まっていて、時間に余裕のない場合もあるでしょう。そんなとき、面白がってもらえる場

所が、ディスカウントショップのドン・キホーテです。

　意外に思われるかもしれませんが、多様でユニークな商品が迷路のような店内に所狭しと並ぶ様子は、外国人にとって新鮮なようです。日本らしい商品や手頃な価格のアイテムがそろい、お土産選びの場所としても最適なのです。記憶に残る店内のBGMなど、一風変わったショッピング体験が楽しめます。

　東京都内には10店舗以上あるドン・キホーテ、時間が限られているときは活用してみるのもいいでしょう。

● 外国人が喜んでくれる日本のお土産

　ドン・キホーテで買える、おすすめの安価なお土産が、カイロと汗拭きシートです。私の経験から、間違いありません。

　特にカイロは、海外では入手しにくい場合も多く、販売店があっても日本の数倍もの価格です。汗拭きシートは日本ほど香りのバリエーションがなく、小さなバッグに入る携帯サイズも少なめです。

　フォーマルな贈り物をしたい場合は、名前入りの箸はいかがでしょう。私は重要なお客さまや、大切な友人が来日したときにプレゼントして、毎回喜ばれています。箸は普段ナイフとフォークで食事をする外国人にはエキゾチックでもあるのです。

ローマ字、ひらがな、カタカナと、希望の形で名前を彫って
くれる店があるので（オンラインで発注できる店も多数あります）、
探してみてください。特別感のあるプレゼントができますよ。
　でも、「外国人に箸をプレゼントしても使えないのでは？」
と心配する方もいるでしょうか。確かに、箸を使いこなすには、
ある程度の慣れが必要です。日本に３日滞在しただけだと、難
しいかもしれません。しかし、箸を箱に入れたままオブジェの
ように大切に飾っているという方もいます。私の友人もそうで、
「飾った箸を見るたび、また日本に行きたいなと思うんだ」と
メッセージをくれます。

コミュニケーションを
加速させるフレーズと
ハンドサイン

"I see." から派生する相づちのバリエーション

　外国人と話をするときには、所作も大事です。29ページでご紹介した相づちと定番のリアクションの他にも、覚えておくといいジェスチャーがあります。

　英語を学ぶ際に、「リアクションを大きく」と言われたことはありませんか？　これは間違いありません。というのも、黙ってうなずくだけでは会話が展開しませんし、相手は「話を理解しているのだろうか？」と疑念を抱く可能性があるからです。

　ここからは、最適な相づち、ハンドサインを学んで、スムーズなコミュニケーションを行いましょう。

　まず、定番の相づち "I see." は、「はい」「ええ」「なるほど」「そうですか」「わかりました」といった意味を包括し、ビジネスでもよく使われます。相手の目を見て "Uh-huh." と "I see." が言えれば、定番はマスターしたと思ってよいでしょう。

　ちなみに "I see." の感覚はフラットで、「内容を理解しています」という程度です。相手への激しい同意や感激、驚いた気持ちを表現するには、プラスアルファの言葉が必要です。

ネイティブスピーカーもよく使う、短くて覚えやすいものが
"Awesome." "Amazing." "Cool."。興味深い意見、素晴らし
い発言をした相手に、これらの相づちを打てると、対話も盛り
上がるでしょう。

　使う際は一言 "That's amazing!" でもいいですし、アイデア
に対してコメントするなら "Awesome idea!" もありです。

　さらにレベルアップした相づち表現として覚えていただきた
いのが、「4つのI」。interesting（興味深い）、insightful（洞察に
富んだ）、informative（有益な情報）、innovative（革新的な）です。

　私自身もかつてそうでしたが、相づちとしてつい "Interesting."
ばかり言ってしまう場合には、"Uh-huh." と "I see." などの間
に "That's insightful." とさらっと挟めると、相手の情報が洞察
に富み、役立つものであることが伝えられます。相づちのバラ
エティーを少しずつ増やしながら、意識して使ってみましょう。

定番の相づち表現

I see.
はい／ええ／なるほど／そうですか／わかりました。

That's awesome.
すごいですね。

That's amazing.

素晴らしいですね。

That's cool.

かっこいいですね。

That's interesting.

興味深いですね。

That's insightful.

洞察に富んでいますね。

That's informative.

有益な情報ですね。

That's innovative.

革新的ですね。

"I know." が与えるニュアンスに要注意

🔊 6-2

　相手が言ったことをすでに知っていて、「存じ上げています」と返したい場合、あなたなら何と答えますか?

　"I know." が浮かんだら、タイミングと言い方に気をつけてください。「上から目線」の印象を与えてしまう危険がある表現だからです。

　例えば、会議でこんな発言があったとします。

　"To develop a sales strategy for the product, it's essential to start by identifying the target audience.(商品の販売戦略を考えるには、まずターゲット選定が必要です)**"**

　「その点、承知しています」という意味で "I know." と反応した場合、あまり感情を込めずにぶっきらぼうな態度で口にすると、「今さら言われなくてもそんなこと知っているし常識ですよ」といったニュアンスを相手は受け取ります。中にはカチンとくる人もいるので、注意したいポイントです。

　丁寧さを出すには、"I understand." "Sure." "That's right." がいいです。さらに「良いポイントですね」と伝えたいときは、

Chapter 6　コミュニケーションを加速させるフレーズとハンドサイン　*177*

"(That's a) good point."、同意を示すなら "I'm with you."
です。

　相手の意見への強い同意を表すなら、さらっと "I couldn't
agree more with you." と言えると、周りに一目置かれますよ。
　「couldn't は否定では？」と思った方、この文は直訳すると
「これ以上ないほど、あなたの意見に同意しています」。ネイ
ティブスピーカーはよく使うので、ぜひ覚えてくださいね。

積極的に使いたい相づち

I understand.
理解しています。

Sure.
そうですね。

That's right.
おっしゃる通りです。

That's a good point.
良いポイントですね。

I couldn't agree more with you.
強く同意します。

Chapter 1
Chapter 2
Chapter 3
Chapter 4
Chapter 5
Chapter 6

学校では教わらない頻出表現、"absolutely"

🔊 6-3

　大手英会話スクールのデモレッスンで、私が生徒役をほめる際に使ってしかられた表現が "Absolutely." です（「はじめに」参照）。

　初めて留学したカナダの語学学校で、質問に対して自信なさげに答える私に、先生は "Absolutely!" と言いました。当時の私は、その言葉が意味するところを知らないものの、先生は笑顔です。正解をほめてもらったと気付くまでに、時間がかかりました。先生は「完璧！　素晴らしい！」とほめてくれていたのです。

　それを思い出して、私もデモレッスンで使ってみたのですが、結果的にしかられてしまいました。

　absolutely を辞書で引くと、「完全な」「絶対な」と記述があります。"You are absolutely right.（あなたは絶対的に正しい＝間

違いない)"という形で使いますが、あまり日本人にはなじみがないかもしれません。私が学生時代の教科書には載っておらず、使い方を教わることもありませんでした。

ただ、このワード、ネイティブスピーカーはとにかくよく使います。多くの日本人が聞き、海外で戸惑うワードの一つではないでしょうか。

"Absolutely!"は、依頼を快諾する際にも使います。例えば、上司に"Can you deep dive into this data?（このデータについて深掘りしてもらえますか？）"と言われて、"Absolutely!"と返すと、「お任せください！」という気持ちが伝わります。

deep diveの意味は「深掘り」「精査」。ビジネスでよく使われる表現なので、覚えておきましょう。

"Can I join you this meeting?（この会議に同席していいですか？）"と聞かれたとき、"Absolutely!"と返すと、ただOKと返事するより、「もちろんです！」というウェルカムな印象が相手に伝わります。

さらに、Chapter 3でご紹介した"Can you manage this task?（このタスクの対応をしてくれますか？）"という問いに了承する場合、"Count on me!"と同じモチベーションレベルを表現できるのが"Absolutely!"です。

Chapter 1
Chapter 2
Chapter 3
Chapter 4
Chapter 5
Chapter 6

　気持ちの強さで使う単語が変わります。ぜひ以下を参考にしてみてください。

──《相手に伝わるあなたのモチベーションレベル》──

OK. / Fine. ＜ Sure. / Of course. ＜ Absolutely.

OKです。／やります。＜　　　もちろんです。　　　＜ お任せください。

普通 ◀──────────────────────▶ 高

　"Absolutely." はたった1語ですが、多用できてポジティブな印象を与える表現です。覚えておいて損はありませんよ。

ネイティブスピーカーが多用する単語

Absolutely.

（相手を称賛して）完璧です。／大正解。

（相手から何かを任されて）お任せください。

（相手の発言に対して）完全同意です。／ぜひとも。

（副詞として）完全に。／絶対に。

　おそらく、英語でやりとりする際に日本人が一番使いがちな相づちは、「本当？」「マジで？」に当たる "Really?" でしょう。英会話に慣れないうちは "Uh-huh." と言いにくい気がするし、でも何か相づちをしなければと "Really?" を連呼する人をたくさん見かけます。

　相づちの使い方としてはまったく問題ありませんが、日本語の「マジで？」のニュアンスで使い過ぎるとリスクがあります。

　私が過去に外国人から言われたことは、「"Really?" を連呼されると、こちらの言っていることを疑われている気がする」というものでした。

　日本人同士でも、相手に「本当に？」「マジで？」を言われ過ぎると「信用されていないのかも」「もしかして話が楽しくない？」などと感じてしまいませんか？

　あなたが話を主導するシチュエーションを想像してみましょう。

Chapter 1
Chapter 2
Chapter 3
Chapter 4
Chapter 5
Chapter 6

あなた This project was really tough …

このプロジェクト大変でさ……。

相 手 Really?

本当に？

あなた Our counterpart was so demanding and …

相手の担当者がすごく要求の多い人で……。

相 手 Really?

マジ？

　really が続くと、「いやいや、本当だから最後まで聞いて」と
逆に突っ込みたくなりますよね。really そのものが悪いわけで
なく、連呼されると真剣に聞いてくれている気がしないのです。
　そこで代わりに使いたいのが、"Is that so?" です。
　意味合いとしては「へぇ、そうなの？」「そうなんだ」で、
"Really?" のような疑いのニュアンスが出ません。ネイティブ
スピーカーがよく使う表現なので、ナチュラルさも加わります。
　慣れるまでは口が回りにくいかもしれませんが、「イザッ
ソゥ？」と発音するのがポイントです。
　とはいえ、どのフレーズも連呼は禁物。不自然さが生じます
ので、相手とのアイコンタクトを意識して、真剣に聞いている
姿勢を伝えてくださいね。

Is that so?

へぇ、そうなの？

"I beg your pardon?" よりも よく使うフレーズとは

🔊 6-5

　相手の話が聞き取れなかったときに、「もう一度言ってもらえますか？」を英語でどう言っていますか？

　学校で習った "(I beg your) pardon?" を使う人もいるでしょう。"I beg your pardon?" はフォーマルな場で使われ、日本語に訳すと「今、何とおっしゃいましたか？」といったニュアンスです。ビジネスシーンであれば、初めて会う役職が上の人（CEO、エグゼクティブなど）に使うのが適切でしょう。

　一方、外国人の同僚との会議で、ネイティブスピーカーがよく使うのが "Sorry, come again?"。何かを聞き逃したときの頻出フレーズです。

　同僚や気心の知れた相手に "I beg your pardon?" と突然か

Chapter 1

Chapter 2

Chapter 3

Chapter 4

Chapter 5

Chapter 6

しこまった表現にならないよう、一緒にプロジェクトに取り組むメンバーや、過去に仕事をしたような相手には "Sorry, come again?" を使うといいでしょう。

　カジュアル過ぎず丁寧な表現ですので、互いの距離をより縮められますよ。

相手に聞き返すときに使うフレーズ

Sorry, come again?
すみません、もう一度言ってもらえますか？

I beg your pardon? / Pardon?
何とおっしゃいましたか？

話題をやんわりと変えたいときは "by the way"

🔊 6-6

　会話の途中でトピックを変えたいとき、「ところで」「そういえば」「……といえば」などと言いますよね。

これを英語にすると "**By the way, ...**（ところで）" です。学校で習う表現なので、ご存じの方も多いと思います。

　他にネイティブスピーカーがよく使う、併せて覚えたいフレーズは "**Speaking of which ...**（……といえば）"。直前に話していた話題を引き継いで、別の話に広げる際に役立ちます。

　例えば、コーヒーについて話していたとき、"**Speaking of which, I went to a café near our office and I loved it.**（コーヒーといえば、この前、会社の近くのカフェに行きましたが、とても気に入りました）" と会話を展開できます。

　文頭に置くだけの、いつでも使える便利な表現です。

話題を切り替えるときに役立つフレーズ

By the way, ...
ところで……。／そういえば……。

Speaking of which, ...
（直前の話題を受けて）……といえば、

言えそうで言えない英語

🔊 6-7

　外国人との会話において、知っている単語を組み合わせて話をするものの、特定の単語や表現を英語で言えなくて話を先に進められない……。こんな状況を経験した方は多いと思います。私も特に初めての留学では、何度も戸惑いました。

　英語に慣れている人であれば、"Give me a second. I'm just looking it up.（ちょっと待って、今調べているから）" とスマートフォンで調べられるかもしれません。ですが、せっかくの会話が中断してしまいますよね。目の前にいる相手に質問すれば早く解決できるかもしれませんし、待たせる必要もありません。

　そんなときに使える２つのフレーズを紹介します。

What do you call this in English?
How can I say that in English?

　シチュエーションによって使い分けます。前者は手元にある物の呼び方がわからないとき。**this** ＝手元にある物です。

例えば、会議の準備で、資料をとじるホチキスを取ってもらいたいとき、"**Can you pass me that ホチキス?**" と言うと、相手は困惑します。ホチキスは、英語ではないからです。

　こんなときは、新しい単語を覚えるいいチャンスととらえましょう。

　ホチキスを指で差し、"**What do you call this in English?**（これは英語で何と言いますか？）" と聞けば、"**That's a stapler.**（ステイプラーですよ）" と教えてくれるでしょう。

　直接、外国人に聞くことで発音が学べて、自分で調べるよりも記憶に残るでしょう。次にホチキスを英語で言いたいときは、迷うことなく **stapler** を使えますね。

　次に、シチュエーションや意見などをどう英語で言うのかを確認するときに使うのが、後者の "**How can I say that in English?**"。事象・状況を指す **that** が入ります。

　「日本語なら説明できるのに、単語がわからなくてストップしてしまう。スラスラ会話を展開できないもどかしさを表現したい、でも英語で何と言うのだろう」という場合に、次の発言ができます。眉間にしわを寄せて聞くイメージです。

　"**Sorry for so many questions. I feel bad about my poor English ... this feeling, how can I say that in English?**（質問ばかりでごめんなさい。私のつたない英語で申し訳ない……この感情は英語で何と言えばいいのでしょう？）"。

"You can say, I feel frustrated when I can't speak English well.（英語をうまく話せないとき、モヤモヤします）" と相手は教えてくれるでしょう。そして、"Don't worry. You are doing great!（大丈夫です。十分話せていますよ！）" と励ましてくれるはずです。

英語での言い方を聞きたいとき

What do you call this in English?
（具体的な物について）これは英語で何と言いますか？

How can I say that in English?
（シチュエーションや表現などについて）何と英語で表現すればいいですか？

ちなみに裏ワザとして、"How can I say ...?" は時間稼ぎかつ、助け舟を求めるフレーズとしても使えます。

考えをすぐに英語でまとめられず、時間を稼ぎたいとき "How can I say ...?" と独り言のように言って、考えるしぐさをすると、誰かが意図をくみ取って "Do you mean ...?（……ということですか？）" とうまくまとめてくれることがあります。

そうなればラッキー！　相手の英語から、適切な言い方を学びましょう。私もこのワザをたまに使いますし、外国人もよく

言うフレーズなので安心して使ってください。

　誰からも助け舟がなければ、自分なりの表現で自信を持って発言すればいいのです。会議では特に、自分の考えを共有しようとする姿勢が大切です。スラスラ英語で話せなくて恥ずかしいからと黙っていると、会議に呼ばれなくなる可能性もあります。「恥はかき捨て」とマインドを切り替えて思い切って発言しましょう！

"Thank you so much!" に加える喜びのフレーズ

🔊 6-8

　昇進・昇給やプロジェクトの成功を仲間に祝ってもらった、海外から来た人にすてきなお土産をもらったなど、うれしいことが起きたとき、あなたは英語でどう表現しますか？

　"Thank you so much!" と、まずは感謝の気持ちを伝えますよね。もちろんあなたの喜びは伝わりますが、「あふれる感謝の気持ちをもっと言葉で伝えたい」場合もあるかと思います。

　成功したプロジェクトのメンバーを称える「みんな最高！」

や、プレゼントをもらって「とてもうれしい！」など、ポジティブな感情は照れずにストレートに伝えましょう。ただ **"Thank you."** と伝えるだけより、確実に相手との距離感が縮まります。

マスターしたいフレーズは3つ。

It's so kind of you!
なんて優しいのでしょう！

I appreciate your kindness! （フォーマルな表現）
あなたの優しさに感謝します！

You're the best!
あなたは最高です！

和訳が大げさに感じるかもしれませんが、どれも外国人が **"Thank you so much!"** の後に、当たり前のように加える表現です。

差し入れのお菓子をもらった、コーヒーをおごってもらったなど、ささいな気遣いにも満面の笑みでこれらを使いこなせるようになりましょう。

一方であなたが感謝された場合の反応は、前章を参考にしてください。**"Thank you."** への返しは **"You're welcome."** でももちろん間違いではありませんが、**"My pleasure!**（どういたしまし

て！）"と言えるとナチュラルさ倍増です。さらりと使えるよう
になりたい、ネイティブスピーカーの超頻出フレーズです。

なお、海外では日本のように「つまらないものですが」と
謙遜してプレゼントを渡す文化はありません。「つまらないも
の」を直訳して "It's a boring thing but ..." なんて言いながら
差し出したら、相手の顔にはてなマークが浮かぶか、"If it's a
boring thing, just keep it to yourself!（つまらないものなら持って
帰って！）"なんてジョークで返されるかもしれません。

喜んでもらうために、思いと時間をかけて選んだプレゼント
です。その気持ちを素直に言葉で伝えましょう！

では、プレゼントやお土産を渡すときには、どんな言葉を
添えるといいでしょう。ネイティブがよく使うのは、"I hope
you like it.（気に入ってもらえるとうれしいです）"。受け取った相
手はきっと "Thank you so much! It's so kind of you!" と返し
てくれることでしょう。

◤Thank you so much! に加えたい、喜びフレーズ◢

It's so kind of you!
なんて優しいのでしょう！

I appreciate your kindness! （フォーマルな表現）
あなたの優しさに感謝します！

Chapter 1
Chapter 2
Chapter 3
Chapter 4
Chapter 5
Chapter 6

You're the best!

あなたは最高です！

お礼を言われたときの一言

My pleasure!

どういたしまして！

プレゼントやお土産を渡すときの定番表現

I hope you like it.

気に入ってもらえるとうれしいです。

相手への信頼度が上がる
リアクション

🔊 6-9

　相手が喜んでいるときや悲しんでいるとき、どんな態度で接すると関係性をより深められるでしょうか？　喜びを共有して盛り上がるための言葉、悲しんでいる相手に寄り添う気持ちを伝えるフレーズを言えるといいですよね。

ここで紹介するのは、どれも知っている単語を組み合わせた短いフレーズです。日常で使える機会も多いので、ぜひ覚えてください。

　まず、相手が喜んでいる場合。資格試験に合格した、結婚した、子どもが生まれたなどうれしいニュースへの反応として、"Wow!" や "Good news!" が思いつくかもしれませんね。

　バッチリ正解なリアクションです。さらにそのニュースを聞いて幸せな気持ちになったことを伝えるには、笑顔でこう加えましょう。基本的にどれを使っても大丈夫です。

(That) sounds amazing!
(I'm) happy for you!
(That's) great for you!

喜んでいる相手に向けて

Sounds amazing!
素晴らしいですね！

Happy for you!
私も幸せな気分です！

Great for you!

（あなたにとって）素晴らしいことですね！

　では、相手が悲しみに暮れているときは、何と声をかければいいでしょう。商談がうまくいかなかった、昇進・昇給のチャンスを逃した、大切な人を失った（別れた、亡くなった）という状況で、"I'm so sorry." を思いついた人がいるかもしれません。

　映画やドラマでのシーンから学ばれたあなたは、さすがですね。sorry は「ごめんなさい」と謝る印象の強い言葉ですが、「心苦しい」「気の毒」「残念」という意味もあります。

　謝罪以外で sorry を使うことは、慣れるまで違和感があるかもしれませんが、いつか必ず遭遇するシチュエーションですので、覚えておきましょう。

　ちなみに先ほどの "I'm so sorry." は、"I'm so sorry to hear that.（それをうかがってとても残念に感じています）" の短縮版です。声のトーンを落とし、相手の悲しみに共感する言い方を意識してください。

　そして、自分も似た経験をしたことがある場合は、"I understand how you feel.（その気持ちわかるよ）" と加えるとなおよいです。これは過去に経験したような困難や苦難を乗り越えようとする相手に寄り添う一言です。

　ただし、家族や大事な人を亡くした方には注意が必要です。

死への向き合い方は、人それぞれ。自分が経験したからといっ
て、悲しみの最中にいる相手に「あなたに私の気持ちなんてわ
かるはずがない」と思われる可能性も否めません。

　そんなときには、"I'm so sorry to hear that." のみ伝えて、
相手に寄り添いましょう。

「悲しんでいる相手への声かけ」

I'm so sorry to hear that.
本当にお気の毒です。

I understand how you feel.
その気持ちわかります。

言葉とは裏腹なことも!?
頻出ハンドサイン

🔊 6 - 10

　英語圏の人々が常用するハンドサインは、日本人が使うもの
と形は同じでも、意味が異なる場合があります。ビジネス、プ

ライベートを問わず、彼らとのコミュニケーションを円滑にするために、頭に入れておくことをおすすめします。

● 「人差し指と中指のクロス」は幸運のサイン

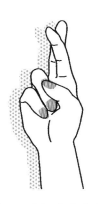

人差し指と中指をクロスさせるハンドサインは、「幸運を祈る」意味があります。指の形が十字架を表現しているのです。

資格試験を受ける、商談やプレゼンに臨む、相手の幸運を願うときに使い、同時に "Good luck." と言葉をかけることもあります。

実はこのハンドサインには裏の使い方もあります。使用頻度は高くないのでトリビアとしてご紹介しますね。

指を交差させた状態で背中に手を回し、後ろにいる人に示すと、「これはジョーク」「目の前の相手をからかっている」という意図が伝わるのです。誰かにドッキリを仕掛けるとき、うその話をして驚かそうとするときなどに、このサインでこっそり周囲の人に知らせます。

日本でも同じようなシチュエーションで、ウィンクをすることがありますよね。海外、日本とも、本気で相手をだましてお

としめるのではなく、からかっていることを表すサインです。

　言葉にしないユーモアを理解できるようになると、外国人とのコミュニケーションがより面白くなっていきますよ。

● 2本指で自分の目、相手の目を交互に指すのは 「見ているからな」のサイン

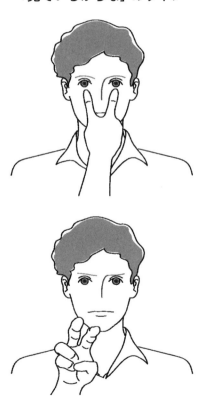

　英語圏の映画やドラマをよく見る人であれば、一度は見たことがあると思います。人差し指と中指を自分の目の前に置き、それから相手の目のほうに向ける"I'm watching you."のサインです。

　ニュアンスとしては「しっかり見ているから、抜け駆けしたらどうなるかわかるな」という、相手の行動を牽制<ruby>牽制<rt>けんせい</rt></ruby>するサインです。

　例えば、あなたと友人の間にケーキが1つあります。友人がトイレに立つタイ

ミングで、友人があなたに向けてこのサインを使うと「つまみ食い禁止」「一人で食べないでよ（一緒に食べましょうね）」というメッセージです。

● 4本指で首を横切る「ヤバいよ！」のサイン

手の甲を上にした状態で指を4本そろえて、首を切るように左右に動かしたら、それは「ヤバいよ」「危ない」「もうやめておけ」のサインです。

例えば、会議で発言に熱が入り、与えられた時間を超えても話し続けることで、周囲はうんざりした状況という場合、このサインが出るかもしれません。「もうそれ以上はやめなさい」というメッセージです。大人しく発言を終えて席につきましょう。

他に、カジュアルな場面の例として、レストランの食事が口に合わないけれど、声を出して「マズい」と言えないとき。「これはヤバい」とハンドサインで伝えます。

言葉では伝えづらいシーンでのハンドサイン、便利ですね。

● 指をこするのは「お金関係」のサイン

日本でお金を示すサインは、親指と人差し指で丸を作りますが、英語圏では、人差し指と中指を親指でこすり表現します。

お札を数えるようなしぐさです。映画やドラマで見たことがあるかもしれませんね。

例えば、「例のコンサルティング会社、どうだった？」という質問に、同僚が無言で指をこするしぐさをしたら、「あの会社は高いよ」という意味です。

「あの人はリッチで高級住宅街に住んでいます」「あのビジネスはお金もうけのためだ」など、多額の金銭が絡むトピックで使われます。

使うタイミングは日本と同じです。ただ、しぐさは全然違うので「なんで指をこすってるの？」とならないように覚えておきましょう。

● 電話のサインは「1杯行く？」のサイン

　　お金関係のサインと同じく、似ているようで異なり、意味合いもまったく変わるサインが「1杯行く？」のお誘いです。

　　親指と小指を立てた日本の「電話のサイン」をクルッと180度回転させてみてください。親指が下に向きましたね？　それを口元に持って行くと……いかがでしょう、あなたの近くにいる同僚が飲みに誘われたと思ってうれしそうな顔をしていませんか？（笑）

　　日本では「1杯飲みに行こうか」と誘う際には、おちょこを傾けるしぐさをしますよね。一方、海外ではビールジョッキなので、親指と人差し指のサイズではおさまらないのです。そのビールジョッキの形が、電話のサインを回転させたしぐさです。日本酒とビール、文化の違いが表れていて面白いですね。

　　使い方としては、**"Shall we grab a drink?"**（1杯行かない？）と言葉を添えて使うこともあれば、時にはサインだけだったり、**"Shall we?"**（どう？）と言いながら、ハンドサインをしたりすることもあります。この辺りは日本と似ています。

　　キラキラした目で待っていましたと言わんばかりに **"Sure!"**

Chapter 1
Chapter 2
Chapter 3
Chapter 4
Chapter 5
Chapter 6

"I'd love to!" "Absolutely!" と返してくるはずなので、積極的に誘ってみましょう。

● パーをひらひらと振ったら「まあまあ」のサイン

てのひらをパーにして下に向け、首や胸の辺りでひらひら振ったら "So-so.（まあまあ）" のサインです。

例えば、一緒に食事をしている相手に "Do you like it?（それ、おいしい？）" と聞いて、このしぐさをしたら「まあまあ」「普通」という意味、「可もなく不可もなく」というメッセージです。しかめっ面をした場合は、普通よりもネガティブで「期待値に満たなかった」状態です。

それ以外にも、肩をすくめることで同じような感情を表現することもあります。

表情とジェスチャーでさまざまな感情表現をするところ、新鮮ですよね。

● 両手で2本指ニョキニョキは「皮肉たっぷり」のサイン

ハンドサインの中で、おそらく日本人が最もよく見るのに意味がわかりにくいのが、ピースサインの要領で両手の人差し指と中指を目の高さに上げて、ニョキニョキと2回折り曲げる動きです。

これは air quotes と呼ばれ、2つ意味があります。

1つ目は何かを引用するときに使われ、"He / She said …（彼／彼女が……と言った）" と、誰かの言葉をなぞるときにかぎかっこを意図して、指を動かします。

2つ目は、皮肉や誇張をする際に使います。例えば、商談相手が嫌味で心の狭い人だったとします。商談後、同僚に感想を聞かれたあなたは、"As you told me, he was 'very generous'.（あなたが言った通り、「とても寛大」だった）" と言いながら very generous のところで指をニョキニョキするのです。そうすると、発言と正反対となる「とてもケチ」が表現できます。

このような皮肉をあからさまに伝える表現は日本語にはないので、慣れるまで少し時間がかかるかもしれません。映画やドラマで使われるタイミングを観察したり、実際に会話で使って

みたりして慣れていってくださいね。

　もしも使い方がずれていたら、ネイティブスピーカーが適切なタイミングを教えてくれるでしょう。

● 「相手がドン引き」しているサイン

　左のイラストのようなハンドサインをつけながら、あきれた表情で目をぐるっと回し、ため息をつくのは、相手の発言や態度に不快感を示し、「いやいや、マジかよ」「ついていけないよ」「頭どうかしてるの」など、相手をバカにするサインです。

　このサインは、表現がストレート過ぎるので、気の置けない友人との間で使ってください。初対面の人やビジネスシーンには適しません。

　私は、このしぐさに傷ついた経験があります。初めて留学したカナダのホームステイ先で与えられた地下室。真冬で凍えるほど寒い時期で、部屋も冷えました。翌朝、その寒さをホストマザーに訴えるとため息をつかれ、目をぐるっと回しながら「はあ、こんなのどこが寒いの？」と言われて、身も心も震えました(苦笑)。

Tea Break

ChatGPTで
英語力を鍛えよう

🔊 6-11

　アメリカの OpenAI 社が開発し、爆発的に認知度が高まった
対話型人工知能「ChatGPT」は、英語習得にも大いに活用でき
ます。

　翻訳ツールとして、英会話（ライティング練習）の相手として、
学習に役立てましょう。効果的に利用するコツは、的確な指示
を出すことです。

● **翻訳ツールとして使う**

 入力 「締切を明日に延長してもらえますか？」を英訳して

▼

 Chat GPT 「締切を明日に延長してもらえますか？」を英語で表
現すると、次のようになります。
Can I have the deadline extended until tomorrow?

入力 | もっと簡単な表現はありますか？

Chat
GPT

はい、「締切を明日に延ばしてもらえますか？」ともっと簡単に表現することができます。

Could you extend the deadline until tomorrow, please?

　ただ翻訳するだけでなく、追加の指示によってさらなる回答案が提案されます。

● 英会話（ライティング練習）の相手として使う

 入力 | 私と英語で対話をしてください。私の英語レベルは英検３級です。何か私に英語で話しかけてください

Chat
GPT

Sure, I can start the conversation! How has your week been so far? Have you done anything interesting or exciting lately?

（わかりました。では会話を始めましょう！　今週、調子はどうですか？　最近、何か面白いことやワクワクすることはありましたか？）

返事は自由に入力しましょう。

入力 **I had a great week!** (最高の１週間だった！)

Chat
GPT
That's wonderful to hear! What made your week so great? Did you do anything special or have any memorable experiences?
(それは良かったですね！　何がそんな素晴らしい１週間と
なった要因ですか？　何か特別なことや、記憶に残る経験をし
たのですか？)

　このように延々と対話を続けることができます。さらには、
あなたの知らない単語が返答にあった場合は、質問することも
可能です。
　ここでは、**memorable**について聞いてみましょう。

入力 | What does memorable mean?

Chat GPT

"Memorable" means something that is worth remembering or that leaves a lasting impression on you. For example, a memorable experience could be a vacation that you took or a special event that you attended that you will always remember.

（memorable は、覚えておく価値がある何かや、永続的な印象を残す何かのことを意味します。例えば、特別なイベントのために取った休暇など、これからもずっと忘れられない経験として記憶に残る体験でしょう）

　いかがでしたか？　賢くて面白いでしょう？　こんな形でどんどん対話を展開すると、ChatGPTはあなたの指示や入力に従って、四六時中付き合ってくれる「英会話の先生」になります。

　「文法に間違いがあれば訂正して」や、「have been の使い方と例文を10個挙げて」と指示をすれば、英文法の習得にも役立ちますよ！

おわりに
日本語と英語は距離の遠い言語ではない

　最後まで読んでいただき、ありがとうございました。

　日本には「モッタイナイ」という概念がありますよね。実は
これは日本ならではの概念で、世界にはピッタリ当てはまる意
味合いの言葉はないそうです。

　そんな中、環境分野で初のノーベル平和賞を受賞したケニア
人女性、ワンガリ・マータイさん (1940‐2011) の活動によっ
て、"MOTTAINAI"が世界共通語になりつつあります。

　日本人はとてもモッタイナイ状況にあると思います。さまざ
まなポテンシャルを持つ日本人。

　海外に発信するべき価値ある知識や歴史、技術、文化、コン
テンツを持っているのにもかかわらず、それを「言語の壁」に
阻まれ、発揮できない人が多い――。この状況が、モッタイナ
イのです。

　そんな壁を突破し、外国人に対して、自信を持ち真っすぐ目
を見て対話できるようになるお手伝いがしたくて、本書を執筆
しました。

冒頭でもお伝えしたように、私は大手英会話スクールで「教科書通りの英語だけを是とする」教え方を目にしました。

　間違ったことを教えているわけではないですが、ネイティブスピーカーが日常的に使う表現を積極的に伝えず、教科書英語に生徒さんが時間とお金を費やすことに、私はどうしても遠回りをしているように感じます。

　同じ時間とお金を使うのであれば、もっと効率的に「使える英語」を学んでいただきたいのが私の想いです。

　「外国人とのコミュニケーション」に特化して考えれば、今まで触れてきた単語で十分に「使える英語」を話せます。私たちはすでに英語を話す素地ができているのです。ですから、あとは実践で使うだけです。

　学校では完璧な文法で英語を話すよう教育されてきましたが、もっと大切なのは不完全でもいいから英語を話そうとする意志、積極的にコミュニケーションを取る度胸です。

　私たちが持つ素地に、本書でお伝えしたような、ちょっとしたコツとボディーランゲージをプラスするだけで伝えられることがたくさんあり、世界の人たちとつながることができるのです。

　本来の英語教育で教えられるべきは、そういうことだと私は

強く思います。

　本書は、ビジネスシーンで効果的に「できる」印象を残せるフレーズをギュッと凝縮しました。

　あなたの英語と印象を、周りの人たちと差別化するためにするべきことは一つ。実践するのみです。

　本書を最後まで読み切ってくださった今、あなたに最後の質問です。

Are you now confident in speaking English?
自信を持って英語を話せますか？

　"Absolutely!（もちろんです！）"とあなたの声が聞こえました！　この瞬間から、新しい扉が開きます。自信を持って、本書のフレーズを実際に声に出し、成功体験を確実に積み上げていきましょう。あなたのポテンシャルを世界レベルで最大限発揮できるよう、心から応援しています！

　"Good luck!!"

この場をお借りして感謝の気持ちをお伝えさせてください。

　初めての著作を素晴らしい形で本にまとめてくださった合同フォレストの山崎絵里子さん、前任の石川千恵子さん。私の想いを形にすることに尽力してくださった天才工場の吉田浩さん。不安な私をはげましながら伴走してくださった廣田祥吾さん、大川朋子さん、奥山典幸さん。執筆を進める中でアドバイスをくれた家族や友人たちにも感謝の想いはつきません。

　そして、本書を手に取り最後まで読んでくださったあなたに、心からの御礼を申し上げます。

You're the best!!

2024年4月

志村真里亜

It's time to unlock your full potential.

Believe in yourself and go for it!

I'm here to support you.

あなたのポテンシャルを発揮するときが来ました。

自分を信じて、実践あるのみ！

応援しています。

Maria

プロフィール

志村真里亜
Maria Shimura

ビジネス英会話パーソナルコーチ
外資系メーカー外国人社長秘書兼通訳

1985年、ブラジル・サンパウロ州生まれ。3歳から日本で育つ。

帰国子女ではなく、ゼロから英語を習得した自身の経験をもとに、実践的な英語を効率良く習得できるカリキュラムを構築。

日産自動車でフランス人副社長秘書、外資系メーカーで外国人社長秘書兼通訳のキャリアを活かし、ビジネス英会話パーソナルコーチとして8年間、主に経営者・マネージャー層のクライアントに伴走。ビジネスシーンでの具体的なアドバイスを武器に、グローバルなキャリア展開をサポートしている。

2022年には、TEDx Awajiにスピーカーとして登壇し、世界へ向けて英語でメッセージを発信。

夢は、日本の英語教育に革命を起こし、日本人が誇りと自信を持って世界へ飛び出すことが当たり前の環境とマインドを作ること。

国際ビジネス大学校で講師を務めるほか、着物モデルとして、日本文化を伝える活動も行っている。

企画協力　株式会社天才工場　吉田 浩
編集協力　廣田祥吾、大川朋子、奥山典幸、嶋屋佐知子
組　　版　GALLAP
装　　幀　吉崎広明（ベルソグラフィック）
写　　真　moco photo
日本語校正・イラスト　春田 薫
英文校正　Custom Media K.K.

ネイティブと渡り合う！ ビジネス英語鉄板フレーズ
ビビらないマインドであなたのポテンシャルが最大化！

2024年5月10日　第1刷発行

著　　者　志村真里亜
発行者　松本 威
発　　行　合同フォレスト株式会社
　　　　　郵便番号 184 - 0001
　　　　　東京都小金井市関野町 1 - 6 -10
　　　　　電話 042（401）2939　FAX 042（401）2931
　　　　　振替 00170 - 4 - 324578
　　　　　ホームページ　https://www.godo-forest.co.jp/
発　　売　合同出版株式会社
　　　　　郵便番号 184 - 0001
　　　　　東京都小金井市関野町 1 - 6 -10
　　　　　電話 042（401）2930　FAX 042（401）2931
印刷・製本　モリモト印刷株式会社

■落丁・乱丁の際はお取り換えいたします。

合同フォレストのホームページはこちらから ➡
小社の新着情報がご覧いただけます。